새가족 교리교육교재

감리회 신앙생활

개정판

kmc

새가족이 된 _____ 을
주의 이름으로 환영합니다.

머리말

"나는 감리교도라 불리는 사람들이 유럽이나 아메리카에서 사라진다 해도 두렵지 않습니다. 내가 진정 두려워하는 것은 저들이 경건의 능력 없이 경건의 모양만 지닌 채 죽은 교파로 남아 있게 되는 일입니다. 감리교도를 일으켜 세웠던 교리, 마음, 규칙을 굳게 잡지 않는다면 분명 그런 일이 일어나게 될 것입니다." (존 웨슬리)

존 웨슬리(John Wesley)의 신학을 근간으로 하는 감리교회의 중요한 신학적 교리 중 하나는 성화의 교리이고, 또 하나는 만인제사장론입니다. 누구든지 예수 그리스도를 구주로 믿으면 구원을 받을 뿐만 아니라 예수 그리스도를 통해 하나님께 직접 예배할 수 있습니다.

따라서 기독교대한감리회는 1930년 12월 2일에 미국 감리교회로부터 '기독교조선감리회'로 독립한 이후로 감리교회다운 교회가 되기 위해서 기도하며 교인훈련에 적극적인 관심을 기울이고 교육교재 발간에 힘써 왔습니다. 무엇보다 평신도 신학의 개발과 새신자 훈련에 깊은 관심을 갖고 구체적인 프로그램들을 개발하고 있습니다. 특히 교육국은 해마다 개체교회에 도움이 되도록 체계적이고 내용이 있는 교육교재를 발간하고 있습니다.

기독교대한감리회 「교리와 장정」이 2년에 한 번씩 개정됨에 따라 개체교회의 요청에 부응하여 새가족 교리교육교재인 「감리회 신앙생활」 개정판을 발간합니다. 이 교재를 사용하는 모든 감리교인들이 감리교회의 신학을 배우고, 성령의 역사함으로 구원에 이르는 진리를 깨달아 영적으로 성숙해지기를 기도합니다.

교육국

차례

머리말 ··· 5

제1장 하나님

1 하나님은 계신가? ··· 9
2 하나님은 어떤 분이신가? ···11

제2장 예수 그리스도

1 예수 그리스도는 누구신가? ···14
2 예수의 생애와 교훈 ···17
3 예수께서 하신 일 ···20

제3장 성령

1 성령은 누구신가? ···22
2 성령이 하시는 일은? ···23
3 성령은 어떻게 받나? ···24
4 성령 받은 증거는 무엇인가? ···25

제4장 성경

1 성경은 어떤 책인가? ···27
2 성경은 언제, 누가 기록했나? ···28
3 성경은 어떻게 구성되었나? ···29
4 성경은 어떻게 읽어야 하나? ···34

제5장 교회

1 교회는 어떻게 시작되었나? ···37
2 교회란 무엇인가? ···38
3 교회가 하는 일 ···39

제6장 예배와 성례

1 예배란 무엇인가? ···41
2 예배는 어떻게 드리나? ···43
3 성례란 무엇인가? ···45
   1) 세례 ···46
   2) 성찬 ···48

제7장 교회생활

1 예배에 꼭 참석해야 합니다 ···50
2 성경을 읽고 공부해야 합니다 ···51
3 기도생활에 힘써야 합니다 ···52
4 전도에 힘써야 합니다 ···54
5 감리교인은 의무와 권리를 행해야 합니다 ···56

제8장 그리스도인은 어떻게 살아야 하나?

1 개인생활 ···59
2 가정생활 ···60
3 직장생활 ···61
4 사회생활 ···63

제9장 감리회

1 감리회는 어떻게 시작되었나? ···66
2 감리회의 교리는 무엇인가? ···70
3 감리회(한국)의 조직과 직분제도 ···78

부록

1 교리해설과 문답 ···88
2 세례 문답 ···101
3 기독교대한감리회 교인생활수칙 ···119

01 하나님

하나님은 그리스도인의 믿음의 대상이요, 기독교가 전파하는 모든 말씀의 내용이 되십니다. 즉 하나님을 믿는 것이 기독교 신앙의 처음이요, 나중이 됩니다.

1. 하나님은 계신가?

"하나님은 과연 계신가?" 또 "하나님이 계시다면 어떻게 그것을 알 수 있으며 어떻게 증명할 수 있는가?"라는 질문을 흔히 들을 수 있습니다. 그것은 당연한 질문 같지만 그리스의 철학자 소크라테스는 이런 질문에 그저 침묵을 지키는 것이 가장 현명한 대답이 된다고 말한 적이 있습니다. 왜냐하면 이 질문은 이미 큰 모순에 빠져 있기 때문입니다. 그들이 "하나님"이라는 낱말을 들어 하나님이 계시냐고 질문했을 때 그들의 머릿속에는 증명만 안 되었지 이미 하나님이 계신 것이 전제되어 있으며, 그 마음에도 하나님이 계신 것을 느끼고 있지만 이론적으로 정리가 되지 않았으니 정리해 주기를 기대하는 것뿐입니다.

이것은 계신 하나님을 보여 달라는 질문입니다. 그러나 이 세상에는 눈으로 볼 수 없는 것들이 많고, 보이지는 않지만 이 세상에 존재하고 있는 것이 많음을 과학자들이 이미 입증하고 있습니다. 그러므로 눈에 보이지 않는다고 존재하지 않는다는 주장은 아주 어리석은 생각입니다.

하나님은 신이시고 영적인 존재이시기 때문에 우리의 눈으로 볼 수 없는 것뿐이지 존재하지 않는 것은 아닙니다. 다음과 같은 증거를 볼 때 하나님이 계신 것은 분명합니다.

1) 모든 피조물이 증거합니다.
　(1) 우주 만물이 기묘하게 조직되어 있는 사실
　(2) 질서정연하게 움직이고 있는 사실
　(3) 아름답고 신기하게 창조된 목적을 이루고 있는 사실
　많은 천문학자들, 그리고 모든 사람은 천체의 신비함과 그것들이 기묘하게 조직된 것과 운행되는 것을 보고 우주 만물은 저절로 생긴 것이 아니라 분명히 창조주의 힘으로 되었다고 믿고 있습니다.
　시편 19편 1절과 로마서 1장 20절에 "만물이 하나님의 영광과 능력을 나타내고 있다"고 기록되어 있습니다.

2) 사람의 양심이 증거합니다.
　(1) 사람은 누구에게나 선과 악을 분별할 수 있는 양심이 있습니다. 하나님께서 이 양심을 짐승에게 주시지 않고 사람에게만 주신 것은 사람이 하나님의 뜻대로 살게 하려고 하신 것입니다.
　"… 하나님을 향한 선한 양심의 간구니라."(벧전 3:21)
　(2) 지구 위의 어느 민족 누구든지 위급할 때에 하나님께 호소하지 않는 백성은 없다고 합니다. 그들이 그렇게 하도록 교육이나 권유를 받은 일이 없는데도 하나님을 찾는 것은 우연의 일치라고 볼 수 없습니다. 하나님이 없다면 어떻게 사람의 중심에서 이런 공통적인 호소가 나올 수 있겠습니까?

3) 성경이 증거합니다.
　성경은 더 구체적으로 하나님의 계심을 증거하고 있습니다.

(1) 성경에는 하나님이 행하신 여러 가지 일이 기록되어 있습니다.(창 1)
(2) 하나님 자신이 어떠하다고 밝히신 것도 기록되어 있습니다.(출 3:14)
(3) 하나님이 직접 하신 말씀들이 기록되어 있습니다.
(4) 하나님이 독생자 예수님을 세상에 보내 주신 사실도 기록되어 있습니다. (요 3:16)

그러므로 우리가 겸손한 마음으로 성경을 읽고 배우면 우리와 함께 계실 뿐만 아니라 우리를 위하여 일하고 계신 하나님을 만날 수 있습니다.

4) 예수께서 증거하셨습니다.
(1) 예수께서 "하늘에 계신 우리 아버지여"(마 6:9)라고 기도하시면서 하나님을 부르셨습니다.
(2) 예수께서 "내가 하나님께로부터 나와서 왔음이라"(요 8:42)고 하셨습니다.
(3) 또 "… 나를 본 자는 아버지를 보았거늘…"(요 14:9)이라고 하셨습니다.
(4) 예수께서 운명하실 때 "아버지 내 영혼을 아버지 손에 부탁하나이다"(눅 23:46)라고 하셨습니다.

이처럼 예수님도 하나님이 계신 증거를 말씀하셨습니다. 그러므로 무엇이나 우리의 눈으로 볼 수 없는 것은 믿을 수 없다고 쉽게 단정 짓지 말고, 또한 눈으로 보고서 하나님을 믿으려는 어리석은 자가 되지 말고 하나님이 계신 것을 믿는 믿음을 가진 자가 되어야 합니다.

2. 하나님은 어떤 분이신가?

"하나님은 어떤 분이신가?"라는 질문에 대해서는 아무도 대답할 수 없습니다. 왜냐하면 하나님만이 이를 말씀하실 수 있기 때문입니다. 그러나 하나님이 세우신 선지자와 예언자, 그리고 하나님의 말씀이 기록된 성경을 통하여 하나님이 어떤 분이신지 알게 됩니다.

하나님은 인간의 생각으로 이러이러한 분이라고 단정할 수는 없습니다. 왜냐하면 하나님은 당신 스스로 자신을 우리에게 보여주시는 분이기 때문입니다. 교회에서는 그 일을 '계시'라고 말합니다.

하나님이 자신을 계시해 주실 때 사람들은 다만 놀라움과 감격 속에서 받아들일 수밖에 없습니다. 이런 계시를 받아 기록한 책이 바로 성경입니다. 그러므로 성경을 통해서만 하나님이 어떤 분인가를 알 수 있습니다.

1) 전능하신 하나님

우리가 믿는 하나님은 높은 데 계신 하나님이십니다. 하나님이 높은 데 계시다 함은, 첫째는 그분은 본래부터 사람과는 같지 아니하시고 다른 분이라는 것을 의미하고, 둘째는 일반 종교에서와 같이 사람의 상상과 탐구와 노력으로 발견되는 그런 존재가 아니라 그분은 보이지 아니하시나 스스로 계시는 하나님이시라는 뜻입니다.

그러므로 높은 데 계신 하나님은 그가 먼저 우리에게 나타나시고 또한 그분이 우리와 만나시기를 원할 때에만 사람에게 보이시는 전능하신 하나님이십니다. 뿐만 아니라 전능하시므로 한계가 없으시고 영원부터 영원까지 계시는 분이시며 사람을 초월하여 자유하신 분이십니다.

* 하늘에 계신 분이십니다.(마 6:9; 사 40:22)
* 전지전능하신 분이십니다.(대상 28:9; 창 17:1; 출 3:3; 요일 3:20; 욥 5:17; 시 147:5)
* 어디에나 계신 분이십니다.(왕상 8:27; 렘 23:24; 시 139:8; 행 17:27)
* 영적인 존재이십니다.(요 4:24, 1:18)

2) 아버지 되신 하나님

하나님은 높은 데 계시사 우리 사람들과 다르며, 사람들의 지각과 경험을 초월하시어 사람으로서는 결코 찾아볼 수 없는 분입니다. 그러나 하나님은 사람을 긍휼히 여기사 사람들을 찾아오시고, 사람들과 만나시는 자비로운 분입니다. 그렇기 때문에 우리와 만나 주실 뿐만 아니라 아버지와 아들, 아버지와 딸의 관계를 맺어 우리로 하여금 당신의 자녀가 되게 하십니다.

하나님이 우리의 아버지라 함은 첫째는 하나님은 사람을 만드신 하나님이시라는 뜻이요, 둘째는 사람들을 긍휼히 여기사 우리를 기르시는 사랑의 하나님이시라는 뜻입니다.

＊거룩하고 의로우신 분이십니다.(사 6:3)
＊사랑으로 인간을 대해 주시며 구원해 주시는 분이십니다.(요 3:16)
＊사람을 만나시기 때문에 살아 계신 하나님이시며 인격적인 분이십니다.

3) 창조주 하나님

높은 데 계신 하나님은 그의 전능하신 권능으로 하늘과 땅을 창조하셨습니다. 이 말은 극히 함축적인 의미를 갖고 있습니다. 우리의 눈에 보이지 않는 것과 보이는 하늘과 땅, 또는 우리의 이성으로 이해되지 않는 것과 이해되는 것 등 모든 우주 만물을 창조하신 분이라는 뜻입니다.

하나님은 가장 작은 것에서부터 가장 큰 것까지, 현상의 세계에서부터 신비한 세계까지 다 창조하신 분입니다. 그리고 그 모든 창조물을 보관하고 다스리시는 분입니다.

또한 하늘과 땅을 다스리시는 하나님 아버지는 인격적인 분이시고 살아 계신 분이기 때문에 기계적으로 행동하지 않으시고 섭리를 베풀어 질서를 세워 그가 지으신 모든 것을 다시 새롭게도 하십니다.

＊세상을 창조하시고 사람을 지으신 분이십니다.(창 1)
＊역사를 다스리시는 분이십니다.(계 1:8)
＊지금도 일하시는 분이십니다.(엡 1:11)
＊모든 선과 미와 애와 진의 근원이십니다.(시 8; 요일 4:12; 마 6:26)

예수 그리스도

모든 종교마다 섬기는 대상을 가지고 있습니다. 유교는 공자(孔子), 불교는 석가(釋迦), 이슬람교는 마호메트의 교훈으로 인해 그들을 섬기고 있습니다.

그러나 기독교가 다른 종교에 비해서 특별히 다른 점은 예수 그리스도의 교훈보다는 예수 그리스도를 믿고 의지하고 순종하고 섬긴다는 것입니다.

예수께서 가르치신 도덕적인 교훈을 배워서 알고 그것을 지킨다 하여도 예수 그리스도가 우리 인류의 구세주이심을 믿는 믿음이 없으면 그것은 기독교 신앙이 될 수 없습니다. 그러므로 기독교는 예수 그리스도를 믿을 때에 시작되는 것입니다.

1. 예수 그리스도는 누구신가?

'예수'란 "하나님이 구원하신다"는 뜻이요, 희랍어로 '그리스도', 히브리어로는 '메시아'와 같은 이름으로 "기름 부으심을 받으신 이"라는 뜻을 가지고 있습니다.

예수는 인간 역사 속에 요셉의 아들로 동정녀 마리아를 통하여 이 세상에 태어나 33년 동안 사신 역사적 인물이지만, 태어나기 전에 이미 하나님의 계획과 섭리에 속하셨던 분입니다. 그러므로 우리가 예수 그리스도라 부를 때 우리는 이 세상에서 사셨던 인간으로서의 예수와 구세주로서의 그리스도를 동시에 부

르는 것이 되며, 또 '하나님이 세상을 구원하시려 기름 부어 세우신 분'이라는 뜻
으로 부르고 있는 것입니다.

1) 예수 그리스도는 하나님의 아들이십니다.

하나님의 아들이신 예수 그리스도는 하나님께서 우리를 사랑하시기 위하여 주신 하나님의 은사이며, 이 세상에 대한 하나님의 사랑의 증거입니다. 그러므로 예수 그리스도는 하나님의 안에 계셨던 분으로 하나님에게서 오신 분이십니다.

다시 말하면 예수 그리스도는 본래 하나님과 같으신 분이지만 우리에게 오신 하나님이라는 뜻입니다. 신학적으로는 이를 삼위일체 되신 분이라고 합니다. 즉 그분은 동정녀 마리아에게서 나심으로 사람의 성품을 가졌으되 결코 그것은 사람의 뜻으로 난 것이 아니라 오직 하나님께로서 나신 분입니다.

그러므로 예수 그리스도는 하나님과 사람이 서로 만나게 하며 교통하게 하는 중보자가 되십니다.

2) 인류의 구세주가 되십니다.

기독교 신앙은 예수 그리스도가 인류를 죄에서 구원하신 구세주이심을 믿는 믿음에서 시작됩니다. 이것이 다른 종교와의 차이점이며 기독교의 중심이 되는 교리입니다.

하나님께서 그의 외아들 예수 그리스도를 우리에게 주심은 누구든지 그를 믿는 자는 멸망하지 않고 영생을 얻게 하기 위함이며(요 3:16), 죄로 죽을 수밖에 없는 사람을 구원하시려는 하나님의 사랑을 확증한 것입니다(롬 5:8). 그래서 예수 그리스도를 가리켜 세상 죄를 지고 가는 어린 양(요 1:29)이라고 합니다.

그분은 십자가에서 죽기까지 하나님의 뜻에 순종함으로써 우리의 죄를 속량하셨고, 하나님의 사랑을 사람들에게 보이셨습니다. 이로써 하나님의 사랑은 죄로 말미암은 사망을 이기신 것입니다.

3) 예수 그리스도는 길이요, 진리요, 생명이십니다.

예수께서 "너희는 마음에 근심하지 말라 하나님을 믿으니 또 나를 믿으라"(요 14:1), "내가 곧 길이요 진리요 생명이니 나로 말미암지 않고는 아버지께로 올 자가 없느니라"(요 14:6)고 말씀하셨습니다.

이 세상의 모든 사람은 참 생명을 얻기에 갈급한 자들입니다. 창세 이후 지금까지 모든 사람뿐만 아니라 공자 같은 성인도 그 길을 찾으려고 무척 애썼습니다. 공자는 "아침에 도를 들으면 저녁에 죽어도 좋다(朝聞道夕死可矣)"고 하였지만 결국 그 도를 온전히 알지 못하고 죽고 말았습니다.

그러나 오직 예수 그리스도만이 생명과 진리를, 죽어도 다시 사는 영원한 진리를 말씀하시고 우리에게 주셨습니다. 예수께서 "나는 부활이요 생명이니 나를 믿는 자는 죽어도 살겠고 무릇 살아서 나를 믿는 자는 영원히 죽지 아니하리니 이것을 네가 믿느냐"(요 11:25)고 말씀하신 것처럼 예수 그리스도를 통해서만 참 길과 진리를 얻을 수 있을 뿐만 아니라 예수 없이는 하나님도 알 수 없고 생명도 얻을 수가 없습니다.

4) 세상의 심판자이십니다.

예수 그리스도는 세상 죄를 구속하기 위하여 고난을 받으시고 십자가에 달려 죽으시고 사흘 만에 다시 살아나셨습니다. 또 그분은 하늘에 오르사 하나님의 우편에 앉아 계시다가 마지막 날에 세상의 산 자와 죽은 자를 심판하러 다시 오실 분입니다. 그러므로 그리스도인의 기대와 소망의 궁극적 내용은 다시 오실 주님이십니다.

그분이 오실 때엔 구름 타고 큰 능력과 영광으로 나타나 세상의 심판자로 오신다고 성경에 기록되어 있습니다. 또 번개가 동에서 서로 비침같이 오시므로 그 날과 그때는 아무도 모르며 그분 앞에서는 숨겨진 것이 하나도 없이 다 드러날 것이라고 성경에 기록되어 있습니다.

그러나 그날은 모든 믿는 자에게는 구원의 날이요, 영광의 날이요, 그날 그분이 다시 오실 때엔 이 땅 위에 있는 모든 눈물이 다 씻어질 것이요, 환난과 핍박과 저주와 가난이 다 멸망될 것이요, 모든 파괴된 질서가 재건된다고 하셨습니다.

* 심판자이신 예수 그리스도는 보이는 모든 죄와 숨겨진 모든 죄악을 폭로하는 분이십니다.
* 죄로 말미암은 죽음의 슬픔을 다 멸하고 영원한 기쁨을 주시는 죽음에 대한 승리자이십니다.

2. 예수의 생애와 교훈

1) 탄생

예수는 지금부터 약 2,000년 전에 유대의 베들레헴이라는 마을에서 마리아라는 여인의 몸을 통하여 탄생하셨습니다. 그는 마리아의 남편 요셉을 아버지로 모시며 나사렛이란 동네에서 자랐습니다.

그분은 자라면서 형식적이고 위선적인 당시의 종교와 정치, 그리고 핍박받는 사람들의 빈곤과 신음, 인간의 탐욕과 증오의 결과로 나타난 고통과 슬픔을 보면서 슬퍼하셨습니다. 예수는 이러한 인간과 세상의 죄악을 보시고 민망히 여기시는 하나님의 사랑을 몸소 나타내셨습니다. 진실로 예수의 탄생은 인간과 세상을 향한 하나님의 사랑, 바로 그 자체에 대한 성취였습니다.

2) 공생애

30세 되던 해에 예수께서는 세상 죄를 구속하려 구원의 기쁜 소식을 온 천하 만민에게 선포하시며, 구원받을 조건과 인간이 살아갈 바른 생활을 가르치기 시작하셨습니다. 예수께서는 인간이 모든 죄를 완전히 회개하고, 하나님의 사랑을 믿고 의지하며 마음과 뜻과 정성을 다하여 하나님을 사랑하고, 이웃 사랑하기를 자기 몸을 사랑하듯 하고, 하나님이 온전하신 것같이 그들도 온전하기를 힘써야 한다고 말씀하셨습니다.

예수의 가르침은 사람의 마음에 깊은 감격을 일으켰으며, 그분의 생활은 너무 성결하고 그분의 교훈은 권위가 있어 듣는 이마다 하나님의 의와 사랑과 능력을 경험하게 되었습니다.

그래서 사람들이 예수를 가리켜 "그는 그리스도시요, 살아 계신 하나님의 아들이다"(마 16:16; 요 11:27)라고 고백하기에 이르렀습니다.

3) 고난과 십자가

그 당시에는 하나님의 뜻보다도 종교적인 형식만을 중히 여기는 거짓된 종교 지도자들, 편협한 민족적 오만과 야망을 가진 타락한 정치지도자들, 열광적인 유대 민족 지상주의자들이 많이 있었습니다.

그들은 유대를 통치하고 있는 로마의 권력자들과 매수한 대중과 합세하여 예수를 배반하고 그를 민족 반역자로 심판하여 십자가에 못 박아 죽였습니다.

그러나 예수는 죄인들이 회개하고 구원을 받게 하기 위하여 자기가 속죄의 재물이 되기로 결심하시고, 하나님의 사랑이 무엇인가를 보이기 위하여 피하지 않고 자진하여 십자가를 지셨습니다.

예수께서는 십자가 위에서 고난과 아픔을 당하시면서도 자기를 죽이는 그들을 보고 "저들을 사하여 주옵소서 자기들이 하는 것을 알지 못함이니이다"(눅 23:34)라고 기도하셨습니다.

예수께서는 "사람이 친구를 위하여 목숨을 버리면 이보다 더 큰 사랑이 없다"(요 15:13)고 말씀하신 것처럼 자기를 죽이는 원수를 위하여 목숨까지 버리신 것입니다. 예수님은 사랑의 극치라기보다 사랑 그 자체이시며, 사랑 그 자체가 현실로 나타난 것이 그가 당한 고난이며 십자가 사건입니다.

4) 부활

　예수께서 죽었다가 3일 만에 다시 살아나셨습니다. 그러나 그 당시 많은 사람들은 예수의 부활을 믿지 않고 의심하였으며, 처음에는 그의 제자들조차 예수의 부활 사건을 믿지 않고 의심하였습니다.

　부활 후 예수께서 의심 많은 그의 제자 도마에게 나타나시어 십자가에 달릴 때 생긴 손발의 못자국과 옆구리에 찔린 창 자국을 보여주셨습니다. 도마는 예수님을 만나고 나서야 정말 예수께서 다시 사신 것을 믿었습니다.

　이처럼 부활은 다시 사신 예수님을 직접 만나 본 많은 사람들에 의하여 확인된 역사적인 사건이었으며, 그때 제자들과 신도들의 선포는 "예수께서 다시 사셨다"는 것이었습니다.

　오늘날 많은 사람들은 아직도 예수가 다시 사셨다는 것을 믿지 않으며, 사람이 죽으면 끝이지 부활이 어디 있느냐고 비웃고, 과학적인 증명과 이론을 요구합니다.

　예수님의 부활은 과학으로 혹은 이론으로 증명될 일이 아닙니다. 그것은 그 당시 사람들에 의해 역사적으로 증명된 사실이며, 오늘날은 예수 그리스도를 믿는 믿음으로만 확인될 수 있는 사실입니다. 예수님의 부활은 하나님께서 하신 일이며 하나님의 전능하신 섭리와 능력에 속한 일이기 때문에 사람의 이성과 지식으로는 증명할 수 없습니다.

　그러므로 "무엇이든지 하나님은 할 수 있으신 분"이라고 믿는 신앙에 의해서만 예수의 부활도 믿을 수 있는 것입니다.

　예수님의 부활은 분명한 역사적인 사실임과 동시에 우리에게 새로운 희망과 용기를 주는 하나님의 은총이며, 사랑과 진리는 죄와 죽음보다 강하고, 죄와 죽음의 세력으로는 예수 그리스도를 죽일 수 없음을 깨닫고 알게 하여 줍니다. 그러므로 예수의 부활은 죄와 죽음에 대한 승리요, 사랑과 진리의 영원한 승리입니다.

3. 예수께서 하신 일

1) 복음을 증거하셨습니다.
   (1) 가난한 사람, 소외된 사람들을 찾아가서 위로하고, 병든 자를 고쳐 주시며 하나님의 말씀을 선포하셨습니다.(마 4:23~25)
   (2) 죄 많은 사람들을 사랑하시며 구원의 말씀을 전하셨습니다.(눅 5:30~32)
   (3) 어린아이들을 축복하시면서 하나님의 나라를 선포하셨습니다.(막 10:13~16)

2) 인류를 구원하려 십자가에 못 박혀 죽으셨습니다.
   (1) 예수님은 우연히 죽은 것이 아니고 성경에 기록된 예언대로 죽으셨습니다.(사 53장)
   (2) 예수님의 죽음은 많은 사람들을 살리려고 의롭게 하는 죽음입니다.(사 53:11; 롬 6:18)
   (3) 예수님은 죄가 없으나(히 4:15; 고후 5:21) 남의 죄를 대신 지고 십자가에 죽으셨습니다.(사 53:6; 요 1:29)
   (4) 예수님의 죽음은 인류를 구원하시려고 죽으신 속죄의 죽음입니다.(마 20:28)

3) 부활하셨습니다.
   (1) 죽은 지 3일 만에 무덤에서 살아나셨습니다.(막 16:1~6)
   (2) 구약성경에 예언한 대로 살아나셨습니다.(시 16:10; 사 53:10; 단 12:2)
   (3) 이레 중 첫날(주일 새벽)에 살아나셨습니다.(막 16:9)
   (4) 하나님의 권능으로 살아나셨습니다.
      성부의 권능으로(행 20:24, 3:15), 성자 자신의 권능으로(요 2:19, 10:18), 성령의 권능으로(벧전 3:18) 살아나셨습니다.
      죽음을 이기는 권능은 성삼위께만 있으며, 장차 그 권능으로 우리도 부활시켜 주실 것입니다.(마 22:29; 요 5:28~29; 롬 8:11)

(5) 부활하신 후 여러 사람에게 나타나셨습니다.

막달라 마리아를 위시하여(요 29:16) 제자들에게 십여 차례 나타나셨습니다.(고전 15:4~8; 요일 1:1~2)

4) 승천하셨습니다.

(1) 성경에 예언한 대로 승천하셨습니다.(시 24:7, 68:18)
(2) 부활하신 후 40일 만에 감람산에서 승천하셨습니다.(행 1:3, 12)
(3) 승천하실 때 많은 제자들이 그곳에 모여 목격했습니다.(행 1:9~10)
(4) 성령을 보낼 것을 약속하고 승천하셨습니다.(행 1:4, 5, 8)
(5) 장차 세상 끝날 재림하실 것을 약속하셨습니다.(행 1:1~10; 마 25:31)

성령

기독교 신앙은 성령의 역사를 믿는 것입니다. 우리가 하나님을 살아 계신 실재로, 예수 그리스도를 이 세상의 구주로 믿는 것은 성령의 역사로만 가능합니다.

1. 성령은 누구신가?

성령은 죽음에서 다시 사신 예수 그리스도의 영입니다. 이 말은 다음과 같은 뜻입니다.

첫째, 성령은 그리스도에게서 우리에게 오시는 영이라는 뜻입니다.
이 영이 우리에게 임재하므로 하나님과 우리가 교통하게 되고, 모든 사람에게 임하면 성도의 교제가 이루어집니다.

둘째, 그리스도를 위한 영이라는 뜻입니다.
예수는 하나님의 아들이요, 우리의 대속자요, 죽음을 이기신 구주임을 성령이 우리에게 증명하십니다.

셋째, 성령이 곧 그리스도요, 그리스도가 곧 성령이라는 뜻입니다.
예수 그리스도께서 이 세상에 오신 것처럼 성령도 우리에게 임재하기 때문에 우리는 그분이 임재하도록 준비하고 기다릴 뿐입니다.

그러므로 하나님의 구속 행위가 성취되도록 이끄는 보혜사(Helper)가 곧 성령이요. 스스로 우리에게 임하시는 그리스도의 영이 곧 성령입니다.

2. 성령이 하시는 일은?

아버지 되는 하나님은 우리 위에 계신 하나님이시고, 아들 되는 예수 그리스도는 우리에게 오신 하나님이시라면, 성령은 우리 안에서 일하시는 하나님이십니다.

성령은 하나님의 사랑과 예수 그리스도의 구속의 은총을 우리가 체험하게 하시며, 성령은 지금도 우리가 예수 그리스도와 교제하게 함으로 진리를 알게 하시며, 예수 그리스도를 믿음으로 우리의 생활이 날로 성결해져 사랑과 희락과 화평과 오래 참음과 자비와 양선과 충성과 온유와 절제의 생활을 하게 합니다.

그러므로 일하시는 성령은 첫째, 보혜사 곧 진리의 영이시며 둘째, 성결의 영이십니다.

1) 죄를 깨닫게 하여 회개하게 하십니다.(행 5:31~32)
2) 마음을 거룩하고 새롭게 변화시켜 새사람이 되게 하십니다.(요 3:4~6)
3) 구원의 진리를 깨닫게 하고 믿게 하십니다.(요 14:26)
4) 기쁨과 평안과 소망을 주십니다.(롬 14:17, 15:13)
5) 불의의 세력과 싸워 승리할 수 있는 지혜와 힘을 주십니다.(마 10:17~20)
6) 일할 수 있는 열심과 능력을 주십니다.(행 1:8)
7) 그리스도를 믿는 성도의 생활을 지키시며 영원토록 동거하여 주십니다.(요 14:16~17)

3. 성령은 어떻게 받나?

"성령을 받으라"는 외침을 우리는 종종 듣습니다. 그때마다 '성령을 받고 싶은 마음은 간절하지만 나 같은 사람도 받을 수 있을까? 또 언제 어떻게 받을 것인가'에 대하여 질문하는 분들이 많이 있습니다.

성령은 산이나 특정한 장소에서 열심히 기도하다가 극적인 체험으로 받기도 하지만, 누구든지 매일매일의 삶 속에서 예수 그리스도를 믿는 믿음을 통하여 받게 됩니다.

열심히 기도를 드리다가 극적으로 성령을 받는 체험을 하기도 하나 평범한 주일에 예배를 드리다가 조용한 마음속에 성령을 받는 체험을 갖기도 합니다.

예수께서 "바람이 임의로 불매 네가 그 소리는 들어도 어디서 와서 어디로 가는지 알지 못하나니 성령으로 난 사람도 다 그러하니라"(요 3:8)고 말씀하신 것처럼 전도 받고 토론할 때 믿을까 말까 하는 생각 속에 성령은 벌써 오셔서 활동하고 계십니다. 다만 사람들이 이것을 알지 못하고 믿지 않기 때문에 아직도 성령은 자기와 거리가 먼 줄로 착각하고 있는 것입니다.

성령은 예수 그리스도를 구주로 믿는 사람에게는 누구에게든 어디서든지 언제든지 조건 없이 주어집니다. 이것이 하나님의 은혜입니다.

그러므로 우리의 할 일은 다음과 같습니다.

1) 기도생활에 힘써야 합니다.

예수님께서 "너희 천부께서 구하는 자에게 성령을 주시지 않겠느냐?"(눅 11:13)고 말씀하셨고, 예수께서 승천하신 후 120여 명의 성도들이 마가의 다락방에 모여 합심하여 기도했을 때 성령 충만함을 받았습니다.(행 2:1~4, 4:23~31)

2) 성경 말씀을 듣고 배우는 일에 열심을 내야 합니다.

고넬료라는 사람이 예수의 제자 베드로를 청하여 하나님의 말씀을 듣던 중

그곳에 모인 모든 사람에게 성령이 충만하게 임하였습니다.(행 10:1~5, 44~47)

3) 회개하고 세례를 받아야 합니다.
 베드로가 오순절을 지키기 위해 예루살렘에 올라온 유대인들에게 말씀을 전하자 마음에 찔림 받은 많은 무리가 "형제들아 우리가 어찌할꼬" 하니, 베드로는 "너희가 회개하여 각각 예수 그리스도의 이름으로 세례를 받고 죄 사함을 받으라 그리하면 성령의 선물을 받으리니"라고 했습니다.(행 2:37~47)

4. 성령 받은 증거는 무엇인가?

 성령 받은 증거는 신들린 사람처럼 별난 사람이 되는 것이 아니라 매사에 충실한 하나의 기독자적 인간이 되는 것입니다. 즉 성령 받은 증거는 그 사람의 생활에 변화가 있어야 하며, 사도 바울이 말한 것처럼 생활에 열매가 있어야 합니다.

1) 사랑의 생활
 성령과 함께 사는 사람은 하나님을 사랑하고 자신을 이웃을 진심으로 사랑하는 생활을 합니다.

2) 희락의 생활
 기쁨의 생활입니다. 한숨과 근심, 공포와 불안 대신에 위로의 하나님과 생명의 예수 그리스도를 믿게 되었으니 이 세상의 생활이 기쁘게 되는 것입니다.

3) 화평의 생활
 하나님과의 막혔던 담, 이웃과의 쌓였던 담이 헐리고 열려서 하나님과 이웃과 대화하며 평화롭게 사는 생활입니다.

4) 오래 참는 생활

   의를 위해 참고 견디며, 사랑으로 참고 견디는 생활을 해야 합니다.

5) 자비롭고, 양순하고(양선), 충성스럽고, 겸손(온유)하며, 절제 있는 생활을 해야 합니다.

   이것이 성령 받은 사람의 증거요, 성령의 열매를 맺는 생활입니다.(갈 5:22~23)

04 성경

성경은 하나님의 말씀이 기록된 책이며, 구약과 신약으로 나누어져 있습니다. 구약은 오실 예수에 대한 기록을, 신약은 오신 예수에 대한 행적과 말씀을 적고 있습니다.

성경은 인간이 어떻게 살아야 할 것인가를 말씀하고, 죄악으로 멸망하지 않고 구원받을 수 있는 길을 보여주고 있습니다. 또한 가치 있는 인간의 삶을 분명하게 시사하고 있을 뿐만 아니라 구원의 도리를 알려주고 있습니다.

1. 성경은 어떤 책인가?

성경은 기독교의 경전으로 하나님의 말씀이 기록된 책입니다. 우리는 눈으로 하나님을 볼 수 없기 때문에 그분이 어떤 분인지를 알지 못하며, 귀로 하나님의 음성을 듣지 못하기 때문에 하나님께서 우리에게 무엇을 요구하고 계신지 알 길이 없습니다. 그러나 우리는 성경을 통해서 하나님이 어떤 분이시고 하나님의 뜻이 무엇인지 잘 알 수 있습니다.

하나님은 언제나 당신이 어떤 분이시며 당신의 뜻이 무엇인지를 사람들에게 나타내시기를 원하셨습니다. 그래서 하나님께서 자기를 사람들에게 나타내실 목적으로 특별히 사람들을 택하시고 그들을 하나님의 영으로 감동시켜서 하나님의 말씀을 기록하게 하셨으니, 그것이 성경이 되었습니다.

그러므로 성경은 사람의 말을 기록한 책이 아니고 하나님의 말씀이 기록된 책이기 때문에 권위 있는 책이며 생명의 말씀이 담긴 책으로 지금까지 수천 년을 지나오면서 많은 사람들에게 깊은 영감을 줄 뿐만 아니라 영생을, 그리고 올바른 생활을 가르쳐 주고 있습니다.

1) 성경은 하나님이 어떤 분이신지 가르쳐 줍니다.
2) 예수 그리스도가 어떤 분이신지 가르쳐 줍니다.
3) 성령이 어떤 분이신지 가르쳐 줍니다.
4) 사람이 무엇인지 가르쳐 줍니다.
5) 죄가 무엇인지 기르쳐 줍니다.
6) 사람이 구원받는 방법을 가르쳐 줍니다.
7) 사람이 어떻게 살아야 할지 가르쳐 줍니다.

2. 성경은 언제, 누가 기록했나?

성경은 주전(B.C) 1,500년 전부터 주후(A.D) 100년에 이르기까지 약 1,600여 년의 긴 세월 동안 기록되었으며 책마다 그 기록 연대가 다릅니다.

기록한 사람도 모세를 비롯하여 여호수아, 다윗, 솔로몬, 이사야 등 40여 명이 동원되었으며, 연대적으로, 교육적으로, 시대적으로 다른 상황 아래서 기록되었습니다.

그러나 성령의 감동을 받아 기록되었기 때문에 내용상으로는 한결같이 연관되어 있습니다.

3. 성경은 어떻게 구성되었나?

성경은 크게 구약과 신약으로 나뉘며, 기원전 15세기에서 기원전 2세기 사이에 기록된 39권으로 된 구약과 예수님 이후 100년 동안에 기록된 27권으로 된 신약을 합해서 66권의 문서가 정리되어 편집된 기독교의 경전입니다.

1) 구약이란?

구약은 기독교의 두 경전 중 하나로서 예수 그리스도 이전에 하나님과 이스라엘 민족 사이에 체결된 계약과 하나님이 어떤 분이시며, 하나님이 인류를 구원하시려는 역사의 기록과, 앞으로 예수 그리스도가 오실 것을 미리 예언하고 있는 책입니다. 그러므로 우리가 신약성경을 이해하는 데 가장 큰 도움이 되는 책입니다.

구약성경의 내용에는 천지만물이 생기게 된 이야기, 이스라엘 민족이 애굽에서 해방되어 가나안 땅에 들어가게 되는 이야기, 사사들의 활동, 이스라엘 왕국이 건설되었다가 남북왕국으로 분열된 열왕들의 역사, 예언자들의 예언, 제사장들의 예배의식 등 일반적으로 널리 알려진 종교적 시가(詩歌)와 지혜문학들이 포함되어 있습니다.

구약성경이 쓰인 연대는 그 폭이 넓어서 그 기간이 천 년 이상이나 되며 그중 제일 오래된 것은 기원전 15세기에 속하고 제일 마지막으로 기록된 책은 기원전 2세기경인 것도 있습니다.

구약성경은 일반적으로 "구약"이라고 부르고 있으나 본래의 이름은 "율법과 예언과 성문서집"이라는 긴 이름을 갖고 있는데, 바로 그 이름 자체가 구약의 내용을 우리에게 보여주고 있습니다.

그 내용을 분류하면 다음과 같습니다.

(1) 율법서(모세5경)

창세기, 출애굽기, 레위기, 민수기, 신명기를 합하여 율법서라고 합니다. 여기에는 천지창조, 인간창조, 죄악의 기원, 아브라함으로부터 시작되는 이스라엘 족장들의 역사, 모세가 그 민족을 애굽에서 구출해 내는 역사, 광야에서 된 일들과 모세의 설교, 이스라엘의 종교의식에 관한 규정 등 하나님의 역사가 기록되어 있습니다.

(2) 예언서

예언서는 전기 예언서와 후기 예언서로 구분합니다.

전기 예언서는 "역사서"라고도 하는데, 이것에 속하는 책들은 여호수아, 사사기, 사무엘, 열왕기 등이며, 모세가 죽은 후 여호수아가 이스라엘 민족을 영도하여 가나안 땅에 들어가게 되는 이야기, 사사들의 활동에 대한 이야기, 이스라엘 왕국을 건설하게 되는 이야기와 남북왕국의 역사 등이 기록된 역사문학(歷史文學)입니다.

후기 예언서는 이사야, 예레미야, 에스겔, 다니엘 등 4대 선지서(四大先知書)와 호세아, 요엘, 아모스, 오바댜, 요나, 미가, 나훔, 하박국, 스바냐, 학개, 스가랴, 말라기 등 12소선지서(十二小先知書)로 되어 있습니다.

예언서란 하나님께 부름 받은 이스라엘 예언자들의 활동과 하나님의 계시를 받아 하나님의 말씀을 사람들에게 전한 내용들이 기록되어 있습니다.

(3) 성문서

여기에 속하는 책들은 시편, 잠언, 전도서, 욥기, 에스더, 룻기, 아가, 예레미야애가, 에스라, 느헤미야, 역대서 등입니다.

시편은 하나님을 찬미하는 노래를 모아 놓은 책입니다.

잠언은 짤막한 격언으로서 어떻게 이 세상에서 처세해야 하는가를 가르치는 말씀이 기록된 책입니다.

전도서는 이 세상 모든 것은 헛되나, 사람이 하는 일이 아니라 하나님과 관계될 때 가치가 있음을 말씀한 책입니다.
욥기는 왜 의로운 사람이 고난을 당하는가를 보여준 책입니다.
에스더는 유대 민족주의와 애국사상을 강조하는 책입니다.
룻기는 모압 여자 룻의 일생과 그가 다윗 왕의 할머니가 되는 것을 보여준 책입니다.
아가서는 하나님과 이스라엘, 그리스도와 교회 또는 교인 사이의 사랑에 대하여 말씀한 책입니다.
예레미야애가는 예루살렘이 멸망했을 때의 참상을 노래한 책입니다.
에스라와 느헤미야는 성전 재건에 대한 상황을 보여주는 책이며, 역대서는 종교의 제도적인 면을 특별히 강조한 책입니다.
성문서에 속하는 책 가운데 특히 욥기, 전도서, 잠언을 지혜문학이라 부릅니다.

2) 신약이란?

신약은 "새 계약"이란 뜻으로 예수 그리스도가 십자가에 못 박혀 돌아가심으로 하나님과 사람 사이에 새로운 관계가 형성되었음을 의미합니다.

신약은 기독교 경전 중의 하나로서 예수 그리스도에 관한 기록, 즉 하나님의 아들로서 이 세상에 오신 예수와 인류의 구세주 되신 그리스도를 증거하는 말씀이 기록된 책입니다.

신약은 전부 27권으로 구성되어 있고 여기에 수록된 각 권은 기록된 연대순으로 편집된 것이 아니고, 또한 한 시대에 전부 기록된 것도 아닙니다. 여러 사람이 오랜 세월을 두고 하나씩 기록한 것을 모아서 한 권의 책으로 만들었는데 그것이 바로 오늘날 우리가 사용하고 있는 신약성경입니다.

(1) 복음서

복음은 "기쁜 소식" 또는 "좋은 소식"이란 뜻으로 예수 그리스도를 가리킵니다. 예수 그리스도께서 이 세상에 오시어 하나님의 사랑을 몸소 보이시며, 사람들과 함께 사시면서 하나님의 사랑을 나타내시고, 십자가에 죽으심으로 우리를 죄에서 구원시키시고, 다시 사심으로 죄와 죽음에서 해방해 주시고, 인류의 생명이 되심으로 예수 그리스도는 복음이 되신 것입니다. 복음서는 바로 그 예수 그리스도를 증거하는 내용이 기록된 책으로 마태복음, 마가복음, 누가복음, 요한복음을 가리킵니다. 복음서에는 대부분 예수 그리스도의 생애와 그의 행적과 그의 교훈이 기록되어 있습니다.

위에 말한 네 복음서 가운데 특히 세 복음서, 마태, 마가, 누가는 그 내용이 비슷하고 같은 것이 많기 때문에 이를 공관복음서(共觀福音書)라고 부릅니다.

(2) 사도행전

사도행전은 역사문학으로 초대교회에 관한 역사적 사실과 사도들의 행적과 예수 그리스도에 대한 그들의 증언, 그리고 성령의 역사로서 복음이 온 세계로 전파된 사실이 기록되어 있는 책입니다.

(3) 사도 바울의 서신

신약 가운데 사도 바울이 쓴 편지가 13편이 있습니다. 이 편지들은 예수 그리스도의 말씀과 행적에 대한 바울의 증언과 그의 신앙고백이 수록된 것이기 때문에 그의 편지를 통하지 않고는 그리스도를 옳게 이해하거나 파악할 수가 없는 귀중한 문서입니다.

사도 바울은 자기가 세운 여러 교회의 성도들을 계속해서 지도하고 기도해 주어야 할 책임을 깨달았기 때문에 서신으로 그들과 계속 연락을 취했으며 사도로서의 책임을 감당했습니다.

그러나 바울은 인간적인 동정이나 감정으로 편지를 쓴 것이 아니라 선교적 동기와 목적을 가지고서 교회 안에서 일어난 신앙문제에 대한 해결과 지도를 위해서 붓을 들고 편지를 썼습니다.

이 바울의 편지를 모은 것을 바울서신이라 하며, 편지들 가운데 기록된 장소나 수신자에 따라 다음과 같이 성격을 구분하여 나눌 수 있습니다.

* 옥중서신(獄中書信)
  옥중서신은 바울이 옥에 갇혀 있을 때 쓴 편지로서 에베소서, 빌립보서, 골로새서, 빌레몬서입니다.

* 목회서신(牧會書信)
  목회서신은 디모데전후서와 디도서이며, 바울이 그의 제자 디모데와 디도에게 보낸 편지로서 교회치리에 관한 지도와 권고하는 내용이 기록되어 있습니다.

(4) 히브리서

히브리서는 누가, 어디서, 누구에게, 왜 썼는지 명확하게 말할 수 없는 서신으로 그 이름도 후에 붙여진 책입니다.

(5) 공동서신(共同書信)과 일반서신(一般書信)

신약성경의 서신 중 바울서신과 히브리서를 제외한 나머지 일곱 책을 가리켜 공동서신 혹은 일반서신이라고 합니다. 여기에 속하는 책들은 야고보서, 베드로전후서, 요한1·2·3서와 유다서가 있습니다.

사도 바울의 서신은 보통 개인 또는 어떤 특정한 교회에 보내는 서신이지만 공동서신에 속하는 편지들은 교회 전체의 일반 독자들을 위해서 기록했기 때문에 이를 공동서신 혹은 일반서신이라 합니다.

(6) 요한계시록

요한계시록은 묵시문학으로서 무서운 박해와 유혹을 당하고 있는 그리스도인들에게 보내는 위로와 격려의 내용이 담긴 말씀입니다.

4. 성경은 어떻게 읽어야 하나?

성경이 이 세상에 나온 이래 지금까지 성경을 바로 읽고 바로 해석하기 위한 많은 방법이 소개되었습니다. 성경을 성경으로 이해하지 못하고 일반 서적과 같이 이해하는 우를 범하지 않기 위해서 성경을 바로 이해하고 해석하는 것은 매우 중요한 일입니다. 뿐만 아니라 성경은 신앙의 길잡이가 되므로 바로 보고 이해하는 일은 더욱더 중요한 일입니다. 그러므로 다음 몇 가지만이라도 안다면 성경을 읽고 해석할 때 오류를 범하지 않을 것입니다.

1) 성경의 내용이 각각 그 책을 쓴 저자와 관련이 되어 있다는 점입니다.

성경을 쓴 저자가 그 당시의 종교적, 사회적, 사상적 배경과 자신의 종교적 경험과 확신을 반영시켰음을 알아야 합니다. 저자에 따라 각 책마다 특징을 갖고 있으며 사건을 보는 견해와 시각이 다르고 쓰인 용어마다 다른 의미로 사용된 경우도 있습니다.

그러므로 우리는 성경을 쓴 저자의 입장과 의도를 무시하고 읽어서는 안 됩니다.

2) 성경의 언어는 그 언어가 사용될 당시의 언어로서 이해해야 합니다.

이사야가 들은 말씀은 히브리말로 들렸을 것이고, 세례 요한과 예수님이 들은 말씀은 아람말로 들렸을 것입니다.

또한 같은 단어라도 당시의 의미가 현재 우리가 사용하고 있는 의미와 차이가 있는 경우가 많습니다. 그러므로 성경에 나타난 언어를 현재의 개념과 동일시할 수 없는 어려움이 있습니다.

예를 들면 사도행전 4장 32절에 있는 "모든 물건을 서로 통용하고 자기 재물을 조금이라도 자기 것이라 하는 이가 하나도 없더라"는 구절을 보면서 어떤 이는 이것을 공산주의의 이념과 동일시하려 합니다. 그러나 여기에 나타난 뜻은 성령의 충만함을 경험한 초대교인들이 자기의 재산을 아낌없이 나눈 것일 뿐 공산주의 이념과는 근본적으로 다릅니다.

또한 마가복음 14장 62절에 "권능자"라는 말도 세상의 권세를 잡은 사람처럼 보이지만 그 저자의 의도는 하나님을 가리키는 것으로 사용하고 있습니다.

그러므로 언어의 현대적 개념을 성경의 용어로 적용할 수 없는 경우가 있다는 사실을 잊지 말아야 합니다.

3) 성경 해석에는 우리의 임의적 전제 개념을 적용해서는 안 됩니다.

성경을 읽는 사람이 자기의 어떤 이념이나 사상을 미리 준비하고서 그것과 성경의 뜻을 합치시키려는 것은 잘못된 것입니다.

성경해석자는 성경 자체가 되어야 합니다. 즉 성경 해석을 할 때 어떤 개념을 성경 속으로 끌고 들어가는 것이 아니라 성경에서 어떤 개념을 끄집어내어야 합니다.

그러므로 우리의 생각을 성경에 끌고 들어가서 자신을 합리화시키려 하지 말고 오히려 성경이란 거울을 가지고 자신의 모습을 비춰보고 자기 발견의 길을 찾아야 합니다.

4) 성경의 각 권이 어떤 삶의 상황에서 어떤 동기와 목적을 가지고 기록된 것인지를 알아야 합니다.

예를 들면 신약의 복음서는 마치 예수 전기 같은 인상을 주지만 엄밀히 살펴볼 때 복음서는 예수의 전기가 아니라 오히려 예수의 제자였던 복음서 기자들의 신앙고백과 선교적 동기로 쓰였고, 교회의 신앙적 훈련과 양육을 목표로 쓰인 것입니다. 마찬가지로 바울서신도 교회란 무엇인가라는 목표를 놓고 재치 있게 서술한 것이 아니라 교회생활에서 일어나는 구체적인 목회 문제와 교회의 실천적 봉사를 다루기 위해 쓰인 것입니다.

5) 성경을 바로 이해하는 데 최종적이고 중요한 일은 성경을 읽는 독자 자신이 성경 말씀 속으로 들어가서 거기에서 대화의 관계를 맺는 것입니다.

객관적 태도가 아니고 주체적이며 고백적인 태도로 성경이 나를 위한 하나님의 구원의 말씀이라고 고백하는 데 성경 해석의 참뜻이 있습니다.

성경은 오래된 옛 문서입니다. 따라서 성경에 나타난 사람들과 환경은 이미 과거에 속한 사실들입니다. 그러나 우리가 성경을 읽을 때 그것이 옛이야기로 끝나는 것이 아니라, 나에게 하나님의 말씀으로 읽히고 받아들여질 때 성경은 비로소 나를 위한 하나님의 구원의 말씀이 될 수 있습니다. 이것이 곧 성경 이해의 궁극적인 단계이며 해석방법이 될 것입니다.

교회

1. 교회는 어떻게 시작되었나?

교회는 예수 그리스도를 구주로 고백하는 사람들의 모임이며, 예수를 구주로 믿는 사람들이 모여 예배드리는 장소를 예배당 혹은 하나님께 예배하는 거룩한 곳이라 하여 성전이라 부릅니다. 그러므로 교회의 시작은 성전의 시작과는 다릅니다.

예수를 구주로 고백하며 믿던 그리스도인들이 있던 때부터 교회가 시작되었다고 말할 수 있습니다. 구체적으로 그들 모임의 시작을 교회의 시작으로 생각할 수 있습니다.

그 모임의 시작에 대하여 정확한 기록은 없지만 사도행전을 보면 예수님께서 승천하신 후 예수를 따르던 제자들이 예루살렘에 사는 마가의 다락방에 모여 마음을 모아 기도에 힘썼고, 오순절에 그들이 성령(보혜사)을 받는 성령 강림 사건이 일어났습니다.

이때가 서기(A.D) 28년경으로 그때를 교회의 기원으로 보기도 합니다.

그러나 엄밀히 말하면 교회의 근원은 예수의 탄생과 활동과 제자 선택에서부터 예수의 죽음과 부활 및 그 부활의 증인들에 대한 성령의 부여에 이르기까지, 예수 그리스도의 사건 전체에 있는 것입니다.

예수 그리스도의 부활 후 제자들을 중심으로 예수 그리스도의 부활과 구주라는 사실을 믿는 성도가 점점 많아지고 여기저기 그들의 모임이 생겼습니다. 이것을 우리는 초대교회라 부르고 그들은 사도의 가르침을 받아 서로 교제하며, 떡을 떼며, 기도하기를(행 2:42) 힘썼습니다. 이것이 교회(하나님의 교회, 하나님의 백성)의 시작입니다.

2. 교회란 무엇인가?

교회는 건물이 아닙니다. 교회는 예수님을 구주로 믿는, 그리고 부활신앙을 가진 사람들의 단체입니다.(고전 1:2)
교회란 말이 "불러 모았나"라는 뜻을 갖고 있는 것처럼 하나님께서 구원시켜 주신 사람들(고전 1:2)을 가리켜 교회라고 합니다.

1) 부름 받은 무리입니다.

교회는 "주께 속한 것"으로 예수 그리스도에게 속한 사람들과 그 사람들이 모여서 예배하는 것을 말합니다. 즉 하나님의 백성이 되고자 부르심을 받은 사람들을 가리켜 교회라고 합니다.
바울은 하나님의 부르심을 받고 예수 그리스도를 믿어 하나님의 백성이 되었기 때문에 그들을 하나님의 교회라고 불렀습니다.(고전 1:2)
그러므로 교회는 부르심을 받은 무리로서 제도적인 것보다 정신적인 것에, 물질적인 것보다 인격적인 것에 더 큰 비중을 두어야 하며, 예수 그리스도에 속한 것임을 명심하여야 합니다.

2) 그리스도의 몸입니다.

교회는 또한 "하나님의 전"(고전 3:16; 엡 2:21; 딤전 3:15; 히 10:21; 계 3:12)이며 예수의 피로 사신 "그리스도의 몸"이라 합니다.(롬 12:5; 고전 12:27; 엡 1:23,

4:12, 5:30; 골 1:18, 24)

　교회는 예수의 구속의 죽음과 부활의 신앙을 가진 사람들의 모임입니다. 그리스도와 교회와 성도의 관계는 머리와 몸과 지체의 관계로 설명되며 전체로서의 하나, 곧 교회를 이루는 것입니다. 교회는 살아 계신 그리스도를 현실로 받아들이며 부활의 사실을 믿는 사람들로서 예수가 계신 곳에는 어디에나 존재합니다. 예수께서 "두세 사람이 내 이름으로 모인 곳에는 나도 그들 중에 있다"고 약속하셨습니다.

　교회는 예수의 죽음과 부활로 이루어진 새로운 하나님의 백성이며, 살아 계신 성령으로 말미암아 창조된 것입니다.

　그러므로 예수 그리스도가 교회의 시작이며 예수 그리스도 자신이 교회입니다.

＊교회는 하나님의 백성입니다.
＊교회는 그리스도의 몸입니다.
＊교회는 성령의 피조물입니다.
＊교회는 하나님 나라의 모형입니다.

3. 교회가 하는 일

1) 하나님께 예배드리는 일(요 4:23~24)
　군대에서 군인들이 상사에게 경례하는 것이 당연한 것처럼 그리스도인들은 하나님의 자녀이므로 함께 모여 그분께 예배하는 일은 매우 중요한 일입니다.

2) 하나님의 말씀을 선포하고 가르치는 일(마 9:35; 딤전 4:13)
　성도들에게 하나님의 말씀을 가르쳐 하나님의 뜻을 잘 깨닫게 하고 그로 말미암아 믿음이 견고하여지고 경건한 생활을 하게 합니다.

3) 성도들이 서로 교제하는 일(행 2:42)

그리스도의 사랑과 진리 안에서 서로 교제함으로 위로와 격려를 나누고 새로운 힘을 얻게 합니다.

4) 이웃에게 봉사하는 일(벧전 4:10)

서로 도우며 섬기는 일과 어려운 처지에 있는 사람들을 돕고 협력하고 위로하며 구제하는 일을 합니다.

5) 복음을 전하는 일(마 28:19~20; 행 1:7~8)

이것은 예수님의 명령이요, 하나님이 원하시는 일이므로 교회는 하나님의 일인 선교에 동참하여야 합니다. 즉 하나님의 지배를 선포하는 교회가 되어야 합니다.

그러므로 교회는 첫째, 하나님의 행동을 신뢰하는 교회가 되어야 합니다.

둘째, 인간을 섬겨 하나님을 섬기고, 하나님을 섬겨 인간을 섬기는 봉사하는 교회가 되어야 합니다.

셋째, 의인은 없나니 하나도 없다고 하신 것처럼 예수 그리스도 앞에 죄를 회개하는 죄인들의 교회가 되어야 합니다.

넷째, 하나님의 뜻을 따르는 순종하는 교회가 되어야 합니다. 순종하는 교회는 세상을 등진 금욕적 고립이 아니라 세상의 일상생활에서 하나님의 뜻에 대한 사랑의 순종을 해야 합니다.

06 예배와 성례

1. 예배란 무엇인가?

우리는 "교회"라고 하면 "예배"를 떠올리고, 교회를 예배당이라 부르기도 합니다. 기도는 우리의 호흡과 같으며, 성경 말씀은 생명의 양식과 같은 것으로서, 예배는 이 모든 것을 포함합니다. 그러므로 그리스도인은 이 예배에 대하여 잘 알아야 합니다.

1) 예배란 사람이 하나님께 영광과 찬양을 드리는 종교적인 행위입니다.

하나님께서 이 세상을 지으시고 다스리시며 우리를 보살펴 주심을 생각할 때 영광과 찬양을 드리지 않을 수 없습니다. 그래서 예배드리는 순서 첫 부분에 영광 돌리는 찬송을 부릅니다. 예를 들면 "거룩 거룩 거룩 전능하신 주님"이라는 찬송이나 "다 찬양하여라 전능왕 창조의 주께"라는 찬송 등을 부릅니다.

2) 예배란 사람이 잘못한 것을 뉘우치고 용서받는 일입니다.

우리가 살다 보면 알게 혹은 모르게 여러 가지 죄를 짓습니다. 그리고 그리스도인은 하나님께 그 죄를 회개하고 용서받았습니다. 묵도하면서, 찬송하면서, 기도하면서, 또는 생활 중에 자기 죄를 하나님께 고백하면 하나님은 용서해 주십니다. 그래서 은혜 받은 성도는 편안한 마음을 갖게 되고, 예배할 수밖에 없습니다.

3) 예배란 감사드리는 일입니다.

우리가 태어나서 오늘까지 숨쉬고, 입고, 먹고 사는 것 전체가 하나님의 돌보심이요, 우리가 예수를 믿고 구원받은 일도 하나님의 은혜입니다. 그러므로 그 일을 생각할 때 하나님께 감사드리지 않을 수 없습니다.

감사하는 성도는 찬송으로, 시편 교독으로, 기도로, 시간과 봉사로, 정성스럽게 준비한 헌금과 삶으로 감사드려야 합니다.

4) 예배란 하나님의 말씀을 받는 일입니다.

설교는 예배의 중요한 한 부분을 차지하고 있으므로, 하나님의 말씀이 목사님의 설교를 통해 전해질 때 이를 잘 듣고 마음으로 받아들이는 일은 대단히 중요합니다.

설교를 통해 하나님은 우리를 위로하시고 격려도 하시며, 앞으로 할 일과 갈 길을 지시하기도 하시므로 말씀을 듣는 일은 예배의 중요한 부분입니다.

5) 예배는 날마다의 삶 속에서 이루어집니다.

예배는 주일 아침 한 시간만 드리는 것이 아닙니다. 제사는 한 번 드리고 나면 그뿐이지만 하나님께 드리는 예배는 모여서 찬송하고, 기도하고, 성경을 읽고, 설교 듣는 한 시간만으로 끝나는 것이 아닙니다.

예배는 자기를 하나님께 내어 맡기고 완전히 복종하여 하나님의 지배하에 들어갈 때까지 드려야 합니다. 하나님의 지배하에 들어간 사람은 하나님을 사랑할 뿐만 아니라 사람을 섬기는 생활을 하는 사람입니다.

날마다의 생활이 하나님의 뜻을 이루기 위해서 사람과 더불어 일할 때 비로소 참다운 예배를 드릴 수 있습니다.

매 주일 빠지지 않고 얌전하게 예배에 참석하였더라도 이웃을 위하여 일하지 않았다면 그는 하나님께 예배드린 사람이라고 볼 수 없습니다.

6) 예배란 하나님께 우리를 드리는 것입니다.

　이는 예배의 마지막 부분에 이루어지는 것입니다. 예배하는 자는 하나님께 영광 돌리고, 지은 죄를 회개하여 용서받고 감사드린 후, 주시는 말씀을 받고 그 말씀대로 세상으로 나가서 살겠다고 다짐해야 합니다.
　이처럼 예배하는 자가 그 자신뿐만 아니라 삶 전체를 하나님께 드리는 결단의 삶이 될 때 참된 예배가 됩니다.

2. 예배는 어떻게 드리나?

1) 예배는 누가 드리나?

　아버지를 찾아 예배하는 것은 자식된 자로서의 본분이며, 하나님의 자녀인 우리가 하나님께 드려야 할 마땅한 일입니다.
　남녀노소, 빈부귀천, 동서남북 누구나 하나님께 예배드려야 하며, 완전하지 못하고 죄와 허물이 많으면 많을수록 더욱 하나님께 나아가 예배드려야 합니다. "수고하고 무거운 짐 진 자들아 다 내게로 오라"(마 11:28)고 예수님은 우리를 부르셨습니다. 그러므로 누구든지 무거운 짐 진 자는 예수께 나와 예배를 드리고 위로와 새 힘을 얻어야 합니다.

2) 예배는 누구에게 드리나?

　예배는 자녀가 된 그리스도인들이 아버지 되신 하나님께 드리는 것이며, 죄와 허물이 많고 부족하고 불완전한 인간이 삼위일체(三位一體 : 성부·성자·성령)이신 하나님께 드리는 것입니다.

3) 예배는 언제 어디서 드리나?

　기독교에서는 일요일을 주일(主日)이라고 부르며 그날을 하나님께 예배드리는 날로 지키고 있습니다. 그래서 예배는 주일에 교회에서만 드리는 것으로 여겨 왔습니다.

　그러나 하나님은 주일에만, 그리고 교회 안에만 계신 분은 아닙니다. 그분은 주일뿐만 아니라 언제든지, 교회뿐만 아니라 어디든지 계시므로 어디서나 예배의 대상이 되시는 분입니다.

　그러므로 가정에서나 학교에서, 직장에서나 일터에서, 예수 그리스도의 이름으로 모여 예배드릴 수 있습니다.

4) 예배는 어떻게 드리나?

　예배드리는 여러 가지 절차를 가리켜 예배순서라고 합니다. 순서는 찬송을 부르고 성경을 읽고 설교하고 기도를 드리며 헌금을 하고 세상으로 흩어지는 것 등으로 구성되어 있습니다.

　그러나 그 순서에 맞추어 예배드렸다고 해서 잘 드린 예배라고 할 수는 없습니다. 왜냐하면 하나님은 형식이나 겉을 보시는 분이 아니라 마음과 중심을 보시는 분이기 때문에 진정한 마음과 정성을 다하여 예배를 드려야 합니다.

(1) 경건하고 엄숙히 예배드려야 합니다.
(2) 예배는 질서가 있어야 합니다.
(3) 신령과 진리로 예배드려야 합니다.

　예배는 우리의 심령을 하나님께 드리는 것이지 어떤 형식이나 물질로 하나님과 교제하려는 것이 아닙니다. 그러므로 보이지 않는 하나님께 예배드릴 때는 믿음과 정신이 중요한 것입니다. 즉 영이신 하나님께는 영으로 예배드려야 합니다.

(4) 헌신의 태도로 예배드려야 합니다.

　사도 바울이 "몸을 하나님께 산 제사로 드리라"고 한 것처럼 예배란 인간이 무엇을 얻고자 함이 아니라 하나님께 인간의 전부를 드리는 것입니다. 교회에 나와 예배드림으로 돈도 모으고, 병도 고치고, 취직도 하고, 아들도 낳을 수 있다고 생각하는 미신적인 어리석음을 버리고 내가 하나님께 무엇을 드려야 할지를 생각하며, 할 수만 있으면 나의 모든 것을 바쳐서 예배드려야 합니다.

(5) 하나님의 음성을 들어야 합니다.

예배란 하나님과 사람 사이의 관계가 형성되는 것입니다. 다시 말하면 그 관계는 예배를 통해서 이루어집니다.

하나님은 예배를 통해서 우리에게 말씀하시고 우리는 예배를 통해서 하나님의 말씀을 듣고 하나님께 말씀을 드리게 되므로 예배에는 반드시 하나님의 말씀이 선포되어야 하며 그 말씀만이 들려져야 합니다.

3. 성례란 무엇인가?

교회는 신앙과 사랑으로 서로 사귐을 갖는 성도의 공동체입니다. 이 교회는 땅 위에 있으나 하나님 나라를 향하여 순례하고 있으며, 마지막 최후의 심판 때까지 악과 더불어 싸우면서 하나님 나라와 의를 선포하는 그리스도의 몸입니다.

또한 하나님의 말씀이 올바르게 선포되고 성례가 행해질 때 교회가 교회로서 제구실을 하게 됩니다. 교회는 전도자와 피전도자만 있는 것이 아니라 전도의 주체가 되시는 그리스도가 함께 계시기 때문에 인간과 인간의 사귐뿐만 아니라 하나님과의 관계도 형성되어야 합니다. 그 관계와 상호 친교를 갖게 하는 예식이 곧 세례와 성만찬입니다.

1) 세례

(1) 세례란 무엇인가?
예수님도 세례를 받으셨고, 또한 제자들에게 세례를 베풀 것을 명령하셨습니다. 세례를 받음으로 그리스도와의 관계가 형성되며, 교회의 일원이 되게 하신 것입니다.
세례는 물로 베푸는 성스러운 예식으로 옛 죄인이었던 "나"는 죽고, 물로 씻김을 받는 것처럼 성부 성자 성령의 이름으로 죄의 몸이 멸하여 다시는 죄에게 종노릇하지 않도록 새로 태어나는 것입니다(롬 6:5). 그러므로 일생에 한 번만 받으면 되고 그리스도인이 되고자 하는 자는 누구나 다 받아야 합니다.
세례의 형식은 크게 두 가지로 나닙니다. 하나는 초대교회에서 행한 것처럼 물속에 온전히 잠김으로 받는 침례식이고, 또 하나는 교회에서 목사님이 머리에 물을 적시며 베푸는 세례식입니다. 그중에는 5세까지의 어린이에게 베푸는 유아세례와 6~12세의 어린이에게 베푸는 아동세례도 있습니다.
＊세례는 예수께서 시키신 의식입니다.(마 28:19)
＊세례는 죄를 씻는 의식입니다.
＊세례는 교회의 교인이 되기 위한 의식입니다.
＊세례는 은혜 받는 도구입니다.

(2) 세례 받는 사람은?
세례인은 세례아동으로 13세 이상 된 이와 원입인이 1년 이상 교회에 충실하게 출석하고 성경과 교리를 공부하며 교회의 규칙을 지키고 진실한 믿음과 경건한 생활을 힘쓰고 예수 그리스도를 구주로 고백하고 세례를 받은 이로 합니다.

① "회개"가 있어야 합니다.

세례를 받기 위해서 무엇보다 중요한 것은 지난날의 모든 잘못과 자신이 죄인임을 깨닫는 일입니다.

가정과 사회생활에서, 혹은 개인생활에서 자기 자신과 이웃과 하나님께 불성실했음을 깨닫고, 잘못된 행동과 옳지 못한 생각, 자신이 죄인임을 하나님께 고백하고 용서함을 구하는 것이 회개입니다.

② "결심"이 따라야 합니다.

회개가 있으면 반드시 결심이 따라야 합니다. 세례를 받은 후의 생활은 세례받기 이전의 생활과 달라져야 합니다. 그러므로 세례를 받기 전에 분명한 결단이 이루어져야 합니다.

③ "간절한 마음"을 가져야 합니다.

세례를 받으면 그리스도를 소유하기 위한 간절한 마음을 가져야 하며, 하나님의 은혜를 갈망하는 마음이 있어야 하고, 교회의 교인됨을 소원으로 여겨야 합니다.

④ "지식"이 있어야 합니다.

세례를 받으려는 사람은 교인이 되기 위한 지식이 있어야 합니다. 성경을 알고, 감리교회의 교리와 역사를 알며, 또한 기독교가 무엇인가를 알고, 예배하는 방법과 기독교인답게 살 수 있는 생활의 지혜도 있어야 합니다.

⑤ "올바른 생활"을 살아야 합니다.

지식만 가지고 만족해선 안 됩니다. 지식이 있으면 아는 대로 살아야 합니다. 지금까지 죄의 종노릇하던 모든 생활에서 벗어나 새롭고, 참되고, 올바른 생활로 바뀌어야 합니다. 이러한 준비가 없이는 세례를 받을 수 없습니다.

2) 성찬

(1) 성찬(성만찬)이란 무엇인가?

예수께서 잡히시기 전날 저녁에 그의 제자(12명)들과 함께 식사하신 후 떡과 포도주를 제자들에게 주시면서 떡은 "내 몸이라" 하셨고, 포도주는 "너희를 위하여 흘리는 나의 피라"고 하시며, "받아 먹어라" "이를 행할 때마다 나를 기념하라" 하셨습니다. 그래서 이 말씀에 근거하여 성만찬 예식을 행하고 있습니다.

그러므로 성만찬이란 예수님의 피와 살을 상징하는 떡과 포도즙을 나누어 먹고 마심으로 주님의 대속의 죽음과 십자가를 기념하는 성스러운 예식인 것입니다.(눅 22:19~20)

성찬식에는 세례를 받은 자들이 참여하여 떡과 포도즙을 먹고 마심으로 속죄 제물이 되신 그리스도의 죽으심을 깊이 생각하고, 성령으로 말미암아 그리스도와 한 몸이 되며, 구원의 확증을 갖게 하며, 성도의 교제에 참여하게 하는 예식입니다.

세례는 일생에 한 번 받지만 성찬은 죽을 때까지 수시로 참여할 수 있습니다.

＊예수께서 베풀어 주신 만찬입니다.

＊예수의 죽으심과 십자가를 기념하는 성례입니다.

＊은혜 받는 도구입니다.

(2) 성찬 받는 사람은?

① 세례 받은 사람이어야 합니다.

② 마음에 거리낌이 없고 확신을 가진 신앙생활을 하며 하나님 앞에 자기의 잘못을 고백한 사람이어야 합니다.

③ 감사가 있어야 합니다.

예수께서 우리를 위해 흘리신 피와 그의 죽으심으로 구원받은 은혜에 대한 감사가 있어야 합니다. 하나님이 그의 아들을 보내시어 우리를 위해 일하게 하시고, 또한 우리의 허물과 죄를 대신 지시고 고통과 아픔을 당하시다가 십자가에 돌아가시기까지 우리를 사랑하신 하나님에 대한 감사가 있어야 합니다.

④ 믿음을 가져야 합니다.
예수 그리스도를 믿는 믿음과 하나님의 도움을 갈망하는 마음의 준비가 있어야 합니다.

교회생활

1. 예배에 꼭 참석해야 합니다.

예배는 그리스도인들이 주께 드리는 최고의 행위요, 제사가 되기 때문에 몸과 마음을 다하여 신령과 진정으로 드려야 합니다.

그리스도인의 신앙생활은 주일 예배를 드리면서 한 주간이 시작되므로 자기의 취미와 오락과 사정 때문에 하나님께 드리는 예배에 빠져서는 안 됩니다. 주일을 거룩히 지키고 예배에 참여하는 사람은 반드시 다음 몇 가지를 명심해야 합니다.

1) 예배에 참여하는 사람의 자세
 (1) 시간 준비(예배시작 10분 전에 참석)
 (2) 마음 준비(마음을 정돈하고 은혜를 사모함)
 (3) 복장 준비(단정하고 깨끗한 옷)
 (4) 헌금 준비(정성껏 준비)

2) 예배를 드릴 때의 자세
 (1) 일단 교회에 들어오면 성경과 기도와 찬송 외에는 일체 잡담을 하지 말아야 합니다.

(2) 예배드릴 때는 핸드폰이나 잡지를 보지 말아야 합니다.
(3) 껌을 씹거나 졸거나 하는 불경건한 일을 하지 말아야 합니다.
(4) 어린아이들을 단속하고 출입에 조심해야 합니다.
(5) 예배 전에 먼저 주보를 보고 찬송과 성경을 찾아두면 좋습니다.
(6) 설교가 끝나고 송영과 축도가 끝나기 전에는 퇴장하면 안 됩니다.
(7) 예배가 끝나면 성도의 교제를 나누고, 감사와 기쁜 마음으로 세상에 나가 살도록 노력해야 합니다.
(8) 예배와 함께 새로운 헌신과 봉사의 생활이 시작되어야 합니다.

2. 성경을 읽고 공부해야 합니다.

성경은 하나님의 말씀이요, 우리 영혼의 양식이요, 신앙생활의 지도자가 됩니다. 그러므로 성경을 읽고 공부함으로써 그리스도인의 신앙이 성숙해지고, 하나님과 예수 그리스도가 누구신지를 알 수 있을 뿐만 아니라 그를 통한 구원의 도리를 깨달을 수 있게 됩니다. 그리고 죄가 무엇인지를 알게 되고, 죽음과 죄를 이길 수 있는 진리를 얻게 됩니다.

그러므로 성경 말씀을 따라 생활할 때는 담대하고 용기 있는 삶을 살 수 있지만, 성경 말씀을 모르고 신앙생활을 하게 되면 자기 본위의 생각에 치우쳐 쓰러지기 쉽고 잘못된 길로 빠지기가 쉽습니다.

그리스도인이 매일매일 규칙적으로 성경을 읽고, 그 말씀을 생활의 좌우명으로 삼아 살아가며, 사랑과 봉사와 기도의 생활을 하면 성숙한 그리스도인이 될 수 있습니다.

그러므로 그리스도인이 되고자 하는 이는 반드시 성경을 준비하고 그 말씀을 연구하는 생활을 해야 합니다.

3. 기도생활에 힘써야 합니다.

하나님은 우리 아버지이시니 그분의 자녀인 우리는 기도로 영적 대화를 갖고 하나님의 도움을 받아야 합니다. 우리의 육체가 호흡함으로 살게 되는 것같이 그리스도인은 기도함으로 심령이 새로워지고 생명을 얻게 됩니다.

1) 왜 기도하는가?
  (1) 성경의 가르침이기 때문입니다.
    예수님도 기도를 가르치시고(마 6:9~13; 눅 11:1~4) 친히 기도하셨습니다. 세례 받으실 때부터(눅 3:21) 십자가에서 운명하시기까지(눅 23:46) 기도의 생활을 하셨습니다.
    "쉬지 말고 기도하라"(살전 5:17), "모든 일에 기도와 간구로 하라"(빌 4:6), "정신을 차리고 기도하라"(벧전 4:7) 하신 것처럼 성경이 기도하라 명하시므로 기도해야 합니다.
  (2) 신자의 특권이기 때문입니다.
    예수님이 우리를 택하여 구원을 받게 하신 그 은혜와 함께 우리에게 주신 특별한 권리가 기도하는 일입니다.
    "양자의 영을 받았으므로 우리가 아빠 아버지라고 부르짖느니라"(롬 8:15)라고 하신 것처럼 하나님 아버지께 간구하는 특권을 받았습니다.
  (3) 예수님의 부탁이기 때문입니다.
    "구하라 그리하면 너희에게 주실 것이요 찾으라 그리하면 찾아낼 것이요 문을 두드리라 그리하면 너희에게 열릴 것이니"(마 7:7~8)라고 말씀하시고, 또 "시험에 들지 않게 깨어 기도하라"(마 26:41)고 부탁하신 것을 지켜야 합니다.
  (4) 신앙의 성장을 위해서입니다.
    어린아이와 같은 신앙이 어른의 신앙으로, 작은 것에서 큰 것으로, 낮은 차원에서 높은 차원으로, 약한 것에서 강한 것으로 그리스도인의 신앙을 성숙시켜야 합니다.
(5) 성령과 능력을 얻기 위해서입니다.
그리스도인은 기도로 성령과 능력을 받아 마귀의 세력과 싸워 이길 수 있습니다.
(6) 교회의 성장을 위해서입니다.
교회를 성장시키는 비결은 재력, 인력이 아니라 성도의 기도에 있습니다.
(7) 마지막 날에 대비하기 위해서입니다.
예수님께서 주의 날이 언제 임할지 알 수 없으므로 "깨어 기도하라"(마 26:41)고 하신 것처럼 쉬지 말고 기도해야 합니다.

2) 어떻게 기도해야 하는가?
(1) 하나님께 기도해야 합니다.
예수님께서 "은밀한 중에 계신 네 아버지께 기도하라"고 말씀하셨습니다. 하나님께서는 언제나 우리 기도의 대상이 되시고 우리의 기도를 들으십니다.
(2) 예수님의 이름으로 기도해야 합니다.
예수님께서 "내 이름으로 기도하라"(요 14:13~14)고 하셨습니다. 예수님만이 하나님과 인간 사이의 중보자가 되시므로 그분은 우리를 위하여 기도해 주시고 우리는 그분을 통해서 하나님께 기도드려야 합니다. 그러므로 기도를 끝마칠 때는 반드시 "예수님의 이름으로 기도합니다."라고 해야 합니다.
(3) 하나님의 뜻대로 기도해야 합니다.
자기 개인의 사욕을 위하거나 하나님의 뜻에 어긋나는 기도는 마치 어린아이가 불이나 칼을 달라는 것과 같으므로 이루어지지 않습니다. 예수님께서도 겟세마네 동산에서 기도하실 때 "나의 원대로 마시옵고 아버지의 원대로 하옵소서"(마 26:39)라고 기도하셨습니다.

(4) 믿음으로 기도해야 합니다.

성경에는 "오직 믿음으로 구하고 조금도 의심하지 말라 의심하는 자는 마치 바람에 밀려 요동하는 바다 물결 같으니 이런 사람은 무엇이든지 주께 얻기를 생각하지 말라"(약 1:6~7)고 기록되었습니다. 하나님께서는 믿음을 갖고 드리는 기도를 받으시고 들어주십니다.

(5) 감사하는 마음으로 기도해야 합니다.

하나님의 축복과 예수님의 은혜에 감사하는 마음을 가져야 합니다.

(6) 성령 안에서 간절한 마음으로 기도해야 합니다.

죄인된 자가 의로운 하나님께 기도하는 자세는 겸손하고 간절함이 있어야 합니다.

(7) 아멘으로 끝을 맺어야 합니다.

아멘은 '진실로 그러합니다', '확실히 그렇습니다'라는 내용입니다.

3) 언제 기도드리나?

(1) 아침, 저녁 잠들기 전후 침상에서
(2) 식사하기 전
(3) 남의 가정이나 직장을 방문하여 대화하기 전
(4) 다른 사람에게 선물을 받았을 때
(5) 슬픈 일을 당할 때, 기쁜 일을 맞을 때
(6) 그밖에 특별한 일이 있을 때마다는 물론이요, 언제든지 기도합니다.

4. 전도에 힘써야 합니다.

전도는 주님의 지상 명령이요, 교회의 사명이므로 누구나 전도에 참여해야 합니다. 전도는 신앙이 살아 있다는 증거요, 사랑의 열매요, 영혼을 구원하는 일이요, 예수 그리스도의 증인되는 일이기 때문에 내 집에서, 직장에서, 거리에서, 병원에서, 학원에서, 어디서나 땅 끝까지 이르러 행해야 합니다. 주님은 우리를 위해서 살과 피를 다 주셨으니 그의 명령에 죽도록 충성하는 길은 전도에 참여하는 것입니다.

1) 전도할 내용

예수 그리스도는 살아 계신 하나님의 아들이요, 인류를 구속하시려고 십자가에 죽으시고, 그를 믿는 자들의 생명이 되시려고 부활하셔서, 지금도 내일도 이 역사의 주가 되십니다. 그러므로 누구든지 저를 믿는 자는 멸망하지 않고 영생을 얻습니다.(요 3:16)

2) 왜 전도해야 하는가?

(1) 예수께서 명령하셨기 때문입니다.(마 28:19)
(2) 예수께서도 전도하셨기 때문입니다.(마 4:17)
(3) 그리스도인의 의무요, 사명이기 때문입니다.(행 4:19~20; 롬 1:13~15; 고전 9:16)
(4) 믿지 않는 사람들을 그대로 두면 그들이 멸망받기 때문입니다(요 8:24, 3:36). 사도 바울이 "전도하지 않으면 내게 화가 미칠 것이다"라고 고백한 것처럼 그리스도인으로서 책임을 져야 합니다.

3) 전도하는 데 갖추어야 할 것은?

(1) 기도로 준비가 되어야 합니다.(막 1:35)
(2) 말씀 준비가 있어야 합니다.(벧전 3:15)
(3) 인내력과 적극성을 가져야 합니다.
(4) 예수 그리스도에 대한 확신이 있어야 합니다.

5. 감리교인은 의무와 권리를 행해야 합니다.

1) 의무
  (1) 예수 그리스도를 구주로 사람들에게 증거합니다.
  (2) 매일 성경을 읽으며 기도합니다.
  (3) 예배, 기도회, 속회, 교회학교, 사경회, 부흥회, 그 밖의 모든 은혜 받는 집회에 참석합니다.
  (4) 감리회의 「교리와 장정」을 공부하고 이를 지킵니다.
  (5) 교회에 헌금과 교회사업에 대한 의무금을 냅니다.
  (6) 교회의 임원이나 직무를 맡았을 때에는 충실하게 이를 수행합니다.
  (7) 감리회에서 발행하는 기관지와 서적 등을 구독합니다.
  (8) 교인은 지역사회에서 섬기는 일에 솔선수범합니다.
  (9) 교인은 환경을 사랑하고 보존하는 일에 솔선수범합니다.
  (10) 교인은 사회신경을 준수하며, 한 남자와 한 여자의 결혼을 통해 구성된 가정의 신성함을 존중합니다.

▍헌금

예배순서에 교인들이 헌금을 드리는 순서가 있습니다. 처음 교회에 나오면 '교회에서는 무엇 때문에 돈을 걷는 것일까' 하고 의아하게 생각할 수 있습니다. 헌금을 드리는 데는 여러 가지 목적과 뜻이 있습니다. 교회는 바쳐진 헌금으로 유지도 하고 운영도 합니다. 교육사업, 전도사업, 사회사업 등이 다 헌금으로 이루어지는 것입니다. 교인들이 교회에 바치는 헌금의 종목은 다음과 같습니다.

*주일헌금 : 주일 아침 교회에 나와서 예배를 드릴 때에 바치는 헌금입니다. 이 헌금은 한주간의 생활을 통해서 하나님이 보호해 주심과 복 내려 주신데 감사하며 드리는 헌금입니다. 이 헌금은 교인이라면 누구든지 많건 적

건 드려야 합니다.

* **십일조 헌금** : 이 헌금은 자기 수입의 십분의 일을 하나님께 바치는 감사입니다. 본래는 옛날 히브리민족이 하나님께 바쳤던 믿음의 표현이었습니다. 이에 하나님께서는 그의 믿음을 보아 그의 곳간에 재물이 떨어지지 않는 축복과 민족 위에 뛰어난 민족이 되게 하는 축복을 약속하셨습니다.(말 3:10~11)

그러므로 이 헌금은 성숙한 믿음을 소유한 성도에게는 하나님을 향한 믿음의 표현이 되기도 합니다. 이것은 무엇보다도 먼저 거리낌이나 거짓이 없는 마음에서 하나님께 드리는 자기의 삶에 대한 감사와 찬양의 예물이 되어야 합니다.

* **감사헌금**
  - 생일감사헌금 : 생일을 맞이하여 감사하는 마음으로 바치는 헌금입니다.
  - 특별감사헌금 : 특별히 자기 생활에 감사할 조건이 있을 때 감사하는 마음으로 바치는 헌금입니다. 결혼을 했다든지, 사업적으로 성공을 했을 때나 자녀들에게 경사가 있을 때(입학, 졸업, 취직), 어떤 어려움에서 하나님의 도우심을 입었을 때 등입니다.
  - 추수감사헌금 : 일 년에 한 번 추수절을 맞아 하나님께 감사하는 마음으로 바치는 헌금입니다. 이 헌금은 농촌교회나 도시교회가 다 같은 마음으로 일 년 동안 먹고 입고 살 수 있도록 해 주시는 하나님께 대한 감사헌금으로 있는 힘을 기울여 드리는 것입니다. 외국에서는 추수감사절이면 교회에 잘 안 나가던 사람들까지 다 나가서 하나님께 헌금을 바치면서 감사한다고 합니다.

* **월정헌금(혹은 주정헌금)** : 이 헌금은 교인들 중에서도 세례를 받고 교회의 완전한 교인으로 등록된 사람들이 교인된 의무로서 교회운영을 위하여 바치는 것입니다. 교회에서 세례 받고 교인이 되면 이제는 교회의 완전한 회원이 됩니다. 이렇게 완전한 회원이 되면 국민이 나라에 세금을 바쳐서 국

민된 의무를 다하듯이 교인은 교회에 대하여 의무를 다해야 하는데 그것을 한 달에 얼마(자기 힘대로) 혹은 한 주간에 얼마를 정해 놓고 바치기 때문에 월정헌금 혹은 주정헌금이라고 합니다.

이 밖에도 교회사업을 위해서 그때그때 바치는 헌금들이 있습니다. 이것은 교인된 의무요, 특권입니다.

우리의 물질이 하나님 나라 사업에 사용되는 것은 기쁜 일이며 영광스러운 일이 아닐 수 없습니다. 그래서 하나님께 헌금을 바칠 때에 인색한 마음이나 부득이한 마음으로 바치는 일이 없어야 합니다. 자원하는 마음으로 기쁨과 즐거움 중에 바치는 것입니다.

2) 권리

(1) 세례 받은 교인은 성찬식에 참례합니다.
(2) 입교인은 당회원으로서 「교리와 장정」의 규정에 따라 발언권, 의결권, 선거권, 피선거권을 가집니다.
(3) 교인은 「교리와 장정」의 규정에 의하지 않고는 어떠한 신분상의 불이익도 받지 않습니다.

그리스도인은 어떻게 살아야 하나?

1. 개인생활

1) 하나님과의 관계 속에서 사는 생활입니다.
   (1) 하나님은 아버지가 되시고 나는 그의 자녀가 되는 부자지간의 관계를 맺어야 합니다.
   (2) 하나님의 성품을 닮아야 합니다.
   내가 갖고 있는 악한 마음과 거짓되고 불결하고 간사스러운 성품이 거룩하고 의롭고 사랑스런 하나님의 성품으로 변화를 받아야 합니다.
   (3) 아버지 되신 하나님을 예배하고 순종해야 합니다.
   마음과 뜻과 정성을 다하여 하나님을 사랑하고 순종하며 예배하는 생활입니다.
   (4) 아버지 되신 하나님과 늘 함께 있음을 믿어야 합니다.
   (5) 끊임없이 기도해야 합니다.

2) 이웃과의 관계 속에서 사는 생활입니다.
   (1) 서로 존경하고 귀중히 여길 줄 알아야 합니다.
   (2) 차별치 않고 형제지간처럼 지내며 살아야 합니다.

3) 이 세상과의 관계 속에서 사는 생활입니다.
   (1) 이 세상이 하나님의 것임을 믿어야 합니다.
   (2) 악이 지배하지 못하게 하고 하나님의 선이 지배하는 세상이 되게 합니다.
   모든 악이 있음에도 불구하고 하나님은 이 세상을 지으셨고 또한 다스리십니다. 그 모든 것을 사람을 위하여 지으셨으며 그것을 지배할 권리를 사람에게 주셨습니다. 하나님은 우리의 요구를 들어주시기 때문에 우리는 하나님께 감사하고 기뻐해야 합니다.
   (3) 세상에 예속된 생활이 아닙니다.
   세상의 축복은 한낱 순간에 지나지 않으며 물질이 목적일 수는 없습니다. 물질을 바로 사용할 때는 우리에게 행복한 것이 되지만, 개인의 사리사욕과 하나님의 창조 사업에 역행하면 불행을 가져옵니다.
   마치 원자력이 잘 사용되면 사람들에게 많은 유익을 주지만 잘못 사용되면 큰 불행을 가져오는 무서운 무기가 되는 것과 같습니다.

4) 자기 자신에게 진실되게 사는 생활입니다.
   (1) 양심을 지키고 하나님께 부끄러움 없이 사는 생활입니다. 큰 것만 찾아다니는 허영심을 버리고 작은 일부터 찾아보는 진실된 인간이 되어 사랑과 봉사의 삶을 사는, 그리고 하나님께 진심으로 예배하는 그리스도인의 생활입니다.
   나를 지으시고 나를 돌보시는 분이 하나님이므로 나에게 진실한 사람은 하나님께도 진실할 수가 있습니다.

2. 가정생활

1) 그리스도인의 가정생활

그리스도를 알고 사랑하고 따르며 부모를 통해서 그리스도를 만나는 생활입니다.

또한 심신이 푹 쉴 수 있는 안식처, 사물에 대해서 배우는 최초의 학교, 기도와 예배를 배우며 드리는 교회의 기초인 예배처가 됩니다.

그러므로 우리는 그리스도인의 가정을 파괴하거나 동요시키는 것들에 대해서는 투쟁하여야 합니다.

따라서 하나님을 섬기며(예배) 이웃을 사랑하며(봉사) 자신과 자녀를 성숙시키는(신앙) 가정이 되어야 합니다.

2) 그리스도인의 가정이란?
  (1) 부부간 애정이 두텁고 각자 자기 책임을 다하고 서로가 존중하는 가정입니다.
  (2) 부모와 자녀 사이에 이해와 사랑으로 원만한 가정입니다.
  (3) 형제자매 사이에 서로가 사랑과 존중함으로 원만한 가정입니다.
  (4) 온 가족이 일치 화합하여 신앙생활에 힘쓰는 가정입니다.
  (5) 하나님을 사랑하고 공경하며, 이웃을 사랑하는 가정입니다.

3. 직장생활

1) 하나님은 일하는 것을 기뻐하십니다.

성경에 "엿새 동안은 힘써 네 모든 일을 행할 것이나"(출 20:9), 또한 " 누구든지 일하기 싫어하거든 먹지도 말게 하라"(살후 3:10)고 기록되어 있습니다. 뿐만 아니라 예수님께서도 "아버지께서 일하시니 나도 일한다"고 말씀하셨습니다.

그러므로 그리스도인은 활동상 지장이 없는 한 정당한 직업을 가지고 부지런히 일하며 생활해야 합니다.

(1) 그리스도인이 직업을 갖고 일을 한다는 것은 사회의 한 사람으로서 하나님을 믿는 신앙에 서서 자기가 자기의 생활에 책임지는 일입니다.
(2) 사회 정의가 실현되게 하기 위해서 사회와 이웃을 사랑하고 봉사하며 섬기는 일입니다.
(3) 하나님의 창조 사업에 동참하여 복음을 증거하는 것입니다.

2) 그리스도인의 직업(직장생활)
　(1) 사명감이 있어야 합니다.
　(2) 교회생활과 조화되어야 합니다.
　　직업은 하나님이 주신 것이며 하나님의 뜻을 행하는 것이며, 복음을 증거하는 행위라는 확신과 그리스도인으로서 그 직무를 수행할 능력은 신앙과 교회생활을 완수함에서 산출되는 것입니다. 바꾸어 말하면 교회생활에 충실함으로 직장생활도 명랑하여지고 그 직무를 수행할 수 있는 능력도 생기게 됩니다.
　　때로는 교인이기 때문에 직장생활에 고난과 어려움을 면치 못할 경우도 있고, 신앙을 유지하고 교회생활에 충실하기 어려울 때도 많습니다.
　　그러나 그리스도인이라면 신앙을 유린당하지 않고 직장생활을 이어 나가도록 노력해야 합니다.
　　그러므로 교회생활과 직장생활은 서로 대립된 생활이 아니라 조화된 생활이 되도록 교회생활과 직장생활에서 맡겨진 직무를 완수하며 신앙생활하는 것을 잊지 말아야 합니다.
　(3) 가정생활과 관계되어야 합니다.
　　직장생활은 직장만 위하는 것이 아닙니다. 그렇다고 돈을 버는 수단이 되어서도 안 됩니다. 그리스도인의 직장생활은 자기가 속한 가정을 위한 직장생활임을 명심해야 합니다.

4. 사회생활

1) 모든 사람의 본이 되어야 합니다.

예수께서는 교인들에게 "너희는 세상의 소금이며, 너희는 세상의 빛이라"(마 5:13~16)고 하셨습니다.

그러므로 그리스도인은 생각, 행실, 언어, 사랑, 신앙, 순결에 있어서 모든 사람에게 본이 되어야 합니다.

예수께서 그리스도인들에게 "너희가 환난을 당하나 담대하라 내가 세상을 이기었노라"(요 16:33)고 하시며 희망과 용기를 주셨습니다.

예수께서 제자들을 택하시고 그들에게 성령을 보내신 것은 세상의 어떠한 환난에도 넘어지지 않고, 죄의 유혹과 사탄의 타협에도 응하지 않는 지혜를 주려 하신 것입니다.

그러므로 교인이라면 마땅히 머리를 써서, 힘을 다하여, 기도하는 가운데 어떤 것이 참된 길이며 어떤 길이 사회생활을 위한 하나님의 길인가를 분별해서 참된 사회 건설을 위해서 매진해야 합니다.

2) 참된 사회를 만드는 데 앞장서야 합니다.

참된 사회란 어떤 사회입니까?

(1) 생명이 존중되는 사회입니다.

사람의 생명은 온 세계보다도 귀한 것입니다. 예수께서는 "온 천하를 얻고도 자기 목숨을 잃으면 무엇이 유익하리요"(막 8:36)라고 말씀하셨습니다. 이는 생명의 존귀성을 밝히신 말씀입니다.

하나님께서는 우리에게 생명을 주시기 위해서 예수를 이 세상에 보내셨고, 십자가의 극형을 받아 돌아가셨다가 다시 살아나게 하셨습니다.

예수는 부활하심으로 우리에게 새로운 생명을 주셨습니다. 그러므로 그리스도인은 하나님께서 예수의 부활을 통해 우리에게 허락하신 생명이 존중

되는 사회를 이루어 나가야 합니다.
(2) 인권이 인정되는 사회입니다.
사람은 하나님의 형상에 따라 하나님께서 지으신 인격체로서 만물의 영장이라고 합니다.
예수께서도 분명히 말씀하시기를 "가장 작은 자 하나에게 행한 것이 곧 내게 행한 것이니라" 또 "어린아이가 내게 오는 것을 금하지 말라"고 하시면서 소외당하여 구박받고 비천하게 여김을 받던 이들(세리인, 죄인, 매춘부, 병자, 장애인, 가난한 사람)을 특별히 사랑하셨습니다. 뿐만 아니라 남녀노소, 빈부귀천에 관계없이 인격의 차이를 두지 않고 모두 하나님의 자녀로 삼으셨습니다.
그러므로 그리스도인은 예수 그리스도께서 명하신 것처럼 내 이웃을 내 몸같이 사랑하는 인권옹호에 앞장서야 합니다.
(3) 자유가 보장되는 사회입니다.
'사람에게서 자유를 빼앗아 간다면 지옥이 된다'는 말이 있듯이 예수께서는 자유를 주시기 위해서 우리에게 오셨고(눅 4:18), 자유케 하려고 이 세상에 오신 것입니다
예수께서 "진리가 너희를 자유롭게 하리라"(요 8:32)고 하시며 죄와 불의로 매인 사회를 해방시키려고 십자가에 죽으셨고 부활하셨습니다.
즉 십자가의 죽음과 부활은 죄에서의 자유, 억압에서의 해방을 선포하신 일입니다.
그러므로 자유가 보장되는 사회는 하나님의 뜻이 이루어지는 사회(하나님 나라)요, 민주사회의 바탕이 되는 사회입니다.
하나님께서 우리를 부르신 것은 결코 지위나 환경을 생각해서 부르신 것이 아니라 누구에게나 새로운 생명과 자유함을 주시기 위함이며, 자유가 있는 사회를 이룩하려 하심입니다.
사람은 하나님의 은총 속에서 신생과 자유를 선물로 받았기 때문에 서로가

인격을 존중하고 사랑으로 섬기고, 섬김을 받아야 할 피조물이요, 자유가 보장된 사회를 이룩할 사명을 지닌 하나님의 자녀들입니다.

09

감리회

1. 감리회는 어떻게 시작되었나?

감리교회는 18세기 영국에서 일어난 신앙 부흥운동에서 시작된 교회입니다. 초기 감리회 운동은 존 웨슬리, 찰스 웨슬리, 조지 휫필드 등 많은 신앙 동지들의 헌신적 노력으로 시작되고 발전되었지만 존 웨슬리의 신앙과 사랑, 소명감과 열심, 치밀한 조직력과 천재적 통솔력, 그리고 성령의 도우심으로 성취된 신앙 부흥운동이라고 볼 수 있습니다.

그만큼 감리교회 부흥운동에서 웨슬리의 지도력은 절대적이었습니다. 그가 없이는 감리교회가 창설될 수 없었고 감리교회 정신이 생길 수도 없었습니다.

1) 존 웨슬리와 감리회

(1) 웨슬리의 어린 시절과 대학 시절

감리교회의 창시자 존 웨슬리는 1703년 6월 17일 영국 링컨셔 주 엡웟에 있는 영국 국교회 목사인 아버지 사무엘 웨슬리와 어머니 수산나 웨슬리의 열다섯째 자녀로 태어났습니다. 그는 근엄하고 경건하고 양심적인 아버지와 견고한 신앙과 근엄한 행동, 부드러운 자애를 겸비한 어머니 수산나 밑에서 엄격하고 규칙적인 가정 교육과 성서를 중심한 기독교적 교육을 받으며 자랐습니다.

그는 열 살까지 부모의 슬하에서 자랐으며 열일곱 살 때까지는 런던에 있는 차터하우스학교에서 공부하였고, 1720년에 장학금을 받아 옥스포드대학교의 크라이스트처치대학에 입학하여 5년 후에 졸업하였습니다.

특히 웨슬리는 옥스포드대학에 있는 동안 20여 명의 학생들과 함께 엄격하고 규칙적인 종교생활을 하며 지냈습니다. 그들의 신앙생활을 보면 정한 시간에 모여 성경공부와 기도, 사회문제를 토의하였고 빈민구제, 감옥전도, 문맹퇴치 운동 등을 하였습니다.

그러나 그 당시 많은 학생들은(종교에 무관심하고 타락한 학생들) 존 웨슬리를 중심으로 한 그들의 신앙생활이 너무나 규칙적일 뿐만 아니라 열성적이었기 때문에 "메도디스트"(methodist, 규칙주의자, 감리교인) 혹은 "성서벌레"라는 별명으로 조롱하고 무시했었습니다. 그들의 조롱과 멸시 천대, 더하여 음주와 방탕, 도박과 향락과 죄로 물든 영국사회 속에서 신앙을 지키며 생활하기는 너무나 어려웠습니다.

그러나 웨슬리는 신앙의 동지 "메도디스트"들을 영도해 나가면서 '절대봉헌', '내적순결', '절대복종', '자기부정' 등 자기 신앙훈련에 힘썼습니다.

(2) 웨슬리의 회심

1735년 존 웨슬리는 그의 동생 찰스와 함께 선교사로서 미국에 갔다가 1738년에 다시 영국으로 돌아왔습니다. 웨슬리는 미국에서 좋은 성과를 얻지 못하고 돌아왔기 때문에 자기 자신이 매우 초라함을 느꼈습니다.

그는 영적 패배자로서의 내적 고통에 시달리면서 새롭고 권능 있는 은혜를 사모하였습니다. 바로 이러한 신앙적 위기에 직면하였을 때 그의 생활에 결정적 전환을 가져온 감격스러운 경험이 일어났습니다.

그는 이 경험을 다음과 같이 설명하였습니다.

"그날 저녁(1738. 5. 24)에 나는 마지못해 올더스게이트 거리에서 모이는 집회에 나갔더니 어떤 이가 루터의 로마서 서문을 읽고 있었습니다. 저녁 9시 15분 전쯤에 그가 '예수 그리스도 안에 있는 믿음을 통하여 하나님께서 우리 마음속에 일으키는 변화'를 설명하고 있을 때 나는 내 마음이 이상하게 뜨거워짐을 느꼈습니다. 그때 나는 '구원을 위해 오직 그리스도를, 오직 그리스도 한 분만을 의지한다'고 확신하였으며, '그가 나의 죄를 온전히 없이 하시고 죄와 죽음의 법에서 구하여 주셨다'는 확실한 증거를 받았습니다." 올더스게이트에서 얻은 영적 경험으로 존 웨슬리의 위대하고도 성공적인 생애가 시작되었습니다.

(3) 감리회 운동

올더스게이트에서 경험한 존 웨슬리의 영적 체험은 그를 위대하고 성공적인 전도자의 생애로 인도하였습니다. 그는 실의와 낙심에서 일어나 새 신념과 용기를 가지고 모든 믿는 자에게 구원을 베푸시는 하나님의 복음, 곧 그리스도를 세상에 전할 것을 결심하고 세상으로 나갔습니다. 전도와 봉사를 향한 그의 열성과 실천은 그 당시 타락한 영국교회에 경종을 울렸습니다. 그러나 종교적 특권의 행사와 부도덕한 향락을 즐기던 교회 지도자들은 웨슬리를 '열광주의자', '전도광' 혹은 '죄인과 노동자의 친구', '교회질서의 문란자'라고 비난하였습니다. 뿐만 아니라 런던, 옥스포드, 브리스톨 등 많은 교구에서 그에게 설교할 강단마저 허락하지 않았습니다. 그러나 웨슬리는 좌절하지 않고 "온 세계는 나의 교구다"라며 모여드는 수천 명에게 노천에서 설교하기 시작했습니다.

국교인 영국 성공회의 방해와 핍박에도 불구하고 웨슬리의 "메도디스트 운동"은 급속도로 발전하였습니다. 한 달에 수만 명의 사람들이 그의 설교를 듣고 감격하였고, 회개운동과 함께 하나님의 죄 사하심과 신생의 기쁨을 경험하는 일이 일어나기 시작하였습니다.

웨슬리는 이 영적 부흥이 물거품처럼 사라지지 않게 하기 위하여 조직적인 영적 훈련이 절대적으로 필요함을 깨닫고 "메도디스트"들을 규합하여 "성도회"(Society) 혹은 신도회를 조직하였습니다. 바로 이 "메도디스트 성도회" 창설이 조직적인 감리회 운동의 시작이라고 할 수 있습니다.

2) 기독교대한감리회의 시작

한국의 감리교회는 1884년 6월 24일 맥클레이 목사의 한국 도착으로부터 시작되었습니다. 1885년 4월 아펜젤러 목사 부부가, 5월 스크랜턴 의사 부부가 한국에 도착하여 전도와 교육과 의료사업에 착수함으로써 교세가 확장되기 시작하였습니다.

1930년 12월 2일 '기독교조선감리회'가 창립되고 제1대 총리사로 양주삼 목사가 취임하였습니다.

1938년 제3회 총회에서 총리사를 감독으로 제정하고 김종우 목사가 감독이 되었으며, 1940년 10월에 한국주재 선교사 전원이 철수하면서 다음해 3월에 '일본기독교조선감리교단'으로 조직이 변경되는 동시에 다수의 교역자들이 일본 관리에 의하여 피검되었습니다.

일정 말엽에 이르러 일제의 압박과 간섭으로 선교활동에 제재를 받다가 1945년 광복과 함께 선교활동이 재개되면서 그동안 다소 분리되었던 교회를 통합하여 1949년 4월에 '기독교대한감리회'로 헌법을 개정 통과하고 김유순 목사가 감독으로 피선되었습니다.

그 후 감리교회는 1950년 6·25전쟁을 겪고, 1954년 열린 총회에서 분열의 쓴 잔을 마셨으나, 1959년 3월에 열린 연회에서 합동이 실현되어 한국의 대교파로서 날로 발전하여 가고 있습니다.

2. 감리회의 교리는 무엇인가?

1) 감리회 교리의 유래

(1) 그리스도의 교회는 우리가 믿는 성경의 근본원칙을 간명하게 약술하기 위하여 여러 가지 형식의 신조를 결정하여 왔습니다.

마르틴 루터의 종교개혁 이후 독일 개신교가 로마의 가톨릭교회의 주장과 분립하기 위하여 신앙의 고백을 쓴 것이 1530년에 아우그스부르크 신앙고백으로 되었고, 그 후 영국에서도 개신교에 속한 사람들이 자기들의 독특한 주장을 확실히 세우기 위하여 헨리 8세 때에 열 가지 강령의 교조를 만들어 국의회에 통과한 일이 있었습니다. 1538년부터 시작하여 영국 교회와 루터교회가 연합할 목적으로 토의를 거듭하여 교리상으로는 일치점을 보았기 때문에 여기에 기준하여 1552년 "42개조 종교강령"을 발표하였고, 1563년에는 황제의 재가와 총회의 승인을 얻어 "39개조 종교강령"을 반포하였습니다.

(2) 영국에서 존 웨슬리의 종교운동이 처음으로 일어났을 때에는 여러 가지 오해와 핍박을 받았으나 교리상으로 다른 신조를 만들려고 하지 않고 그대로 영국 국교를 따라갔습니다. 그러다가 1784년 미국에 감리회가 조직된 후 "39개조 종교강령"을 기초하여서 25개조의 "종교강령"을 공포하여 오늘날까지 내려왔습니다.

(3) 기독교조선감리회의 교리적 선언은 이 복음적 신앙을 기초하여 1930년 조선감리회가 조직될 때에 우리가 믿는 바 근본 원리를 교리의 형식으로 편성하여 선포한 것입니다.

그러므로 감리회는 교리주의를 고집하지 않습니다. 감리회가 처음 시작할 때에도 무슨 강령을 만들어서 내세우지 않았습니다.

웨슬리도 신학상으로 보아서 영국교회의 입장과 다른 점이 없었습니다. 그는 "우리는 여러 가지 진리를 다 깨닫지 못하고 세상을 떠날는지 모른다. 그러나 사랑이 없이 죽으면 우리가 가진 지식이 무슨 유익이 있겠는가?", "(나는) 어떤 의견만을 앞세우는 일을 좋아하지 아니한다. 내게 속이 들고 알맹이가 있는 종교를 다오", "주견이나 술어 때문에 하나님의 역사를 무너뜨리지 말자. 네가 하나님을 사랑하고 그를 섬겼느냐? 이것으로 족하다. 나는 네게 교제의 오른팔을 주겠노라"고 하였습니다.

그러나 감리회에 공통된 신앙이 없는 것은 아닙니다.

미국에서나 영국에서나 호주에서나 감리회가 있는 곳이면 다른 어떠한 개신교회의 것보다 더 통일성이 있는 신앙의 일치를 볼 수가 있습니다.

첫째로 감리회는 "우리는 기독교 생활이 하나님의 은혜로 주신 것이요, 우리가 의식적으로 이를 경험하고 하나님과 친히 사귀는 생활을 하는 데 있다"고 가르칩니다.

둘째로 우리의 종교생활은 거룩하여야 할 것을 강조합니다. 이는 청교도적 정신을 받은 것으로서 웨슬리는 성도의 의무에 대하여 항상 역설한 바 있습니다.

2) 감리회의 특색

(1) 감리회는 만인(萬人)구원을 주장합니다.

칼빈의 예정설처럼 하나님이 미리부터 누구는 구원하고 누구는 멸망에로 예정하셨다는 그런 조건적인 구원관이 아닙니다.

"누구든지 그를 믿으면 멸망치 않고 영생을 얻으리라"(요 3:16)고 하신 예수님의 말씀대로, 믿는다는 것 외에는 다른 조건이 없는 보편적 구원을 믿습니다.

(2) 우리는 하나님을 개인적으로 체험할 수 있다는 체험신앙을 믿습니다.

웨슬리는 처음부터 우리가 무엇을 믿느냐 하는 교리의 문제에 대해서는 큰 흥미가 없었습니다. 그래서 그는 우리 머리의 생각은 다를지라도 마음만 합하면 손을 내밀어서 함께 일하자고 하였습니다.

(3) 감리회는 인간의 자유의지와 믿음으로 구원받음을 믿습니다.

그래서 구원문제에서는 하나님의 일방적인 의사나 행동으로가 아니라 인간들의 응답을 필요로 하는 구원관을 주장합니다.

(4) 감리회는 우리가 믿는 교리를 노래와 찬송으로 고백하는, 노래하는 교회입니다.

웨슬리의 동생 찰스 웨슬리는 유명한 찬송가 작가였습니다. 지금 우리가 가지고 있는 찬송가 중에는 그가 지은 찬송가가 14곡이나 있음을 자랑으로 여깁니다.

(5) 감리회는 처음으로 성직자가 아닌 평신도에게 강단을 개방한 교회입니다.

평신도 전도인 제도와 그들의 옥외 설교는 초대 감리교회의 두드러진 특색이었습니다. 또 전도인들이 말을 타고 혹은 포장마차를 타고 여러 지방을 순회하면서 전도하는 순회 목회제도도 유명한 것이었습니다.

(6) 감리회는 기독자의 완전을 추구하는 교회입니다.

웨슬리의 관심은 완전의 이론에 있지 않고 하나님이 우리에게 요구하시는 "하늘에 계신 너희 아버지의 온전하심과 같이 너희도 온전하라"(마 5:48)는 요구에 있었습니다. 즉 범상한 기독교 생활과는 대조적으로 하나님의 구원하시는 은총의 도움을 받아서 우리는 이 완전의 요구에 응할 수 있게 된다는 믿음입니다.

그런데 여기서 기독자의 완전이란 무슨 도덕적으로 완전함에 이른다는 뜻이 아니라, 우리의 사랑에서 온전하게 된다는 뜻입니다. 그리고 이러한 완전은 죽기 전에도 도달할 수 있고, 죽은 후에도 도달할 수 있다고 웨슬리는 가르쳤습니다.

(7) 감리회는 교육에 치중하는 교회입니다.

우리의 자녀들을 그리스도의 말씀으로 훈육하고, 그들로 예수 그리스도를 본받게 함으로써 기독교적 인격함양(人格涵養)에 치중하는 교회입니다. 세계에서 처음으로 주일학교를 창설한 로버트 레익스도 감리교인입니다. 존 웨슬리와 찰스 웨슬리의 찬송가들도 신도들을 가르치고 영감을 주기 위함이었으며, 감리교회의 속회도 교육적인 목적과 가치를 가진 신도들의 모임입니다.

(8) 개인구원은 물론 사회구원을 믿는 교회입니다.

존 웨슬리는 영국을 프랑스 혁명과 같은 피 흘리는 혁명에서 구출하고자 하였습니다.

그는 고아와 과부와 노인들과 빈민과 노동자들의 복지에 항상 깊은 관심을 가지고 사회제도와 구조의 개선을 위해서 일했습니다. 그래서 그는 많은 개혁운동을 일으켰습니다. 노예제도 폐지운동, 절제운동, 감옥개량운동, 미성년자 노동폐지운동, 고리대금업자의 폐지운동 등 여러 가지 사회운동을 전개했습니다.

그리고 금전이나 모든 재물을 사용하는 기준으로 기독교의 청지기 정신을 강조하였습니다.

감리교회가 산업혁명과 상업혁명의 밑바닥에 깔린 여러 가지 사회악을 공격하고 제거하는 데 끼친 공헌은 모든 역사가가 공인하는 바입니다.

3) 감리회 교리의 주장

기독교대한감리회의 교리적 선언은 전부 8개조로 되어 있습니다.

이것을 크게 나누자면 전반부 4개조는 하나님과 하나님의 은혜에 대한 것이요, 후반부 4개조는 사람의 종교적 의무와 노력에 대한 것입니다.

대개 종교란 하나님과 인간 사이의 인격적 관계로 형성되어 있습니다. 하나님께서 인간에게 내려 주시는 은혜가 있고, 사람이 하나님의 뜻에 따라 생활하려는 약속이 있습니다. 기독교대한감리회의 교리적 선언은 이 두 가지 면을 간명하게 약술하고 있습니다.

(1) 기독교대한감리회 교리적 선언

① 우리는 만물의 창조자시요 섭리자시며 온 인류의 아버지시요 모든 선과

미와 애와 진의 근원이 되시는 오직 하나이신 하나님을 믿으며
② 우리는 하나님이 육신으로 나타나사 우리의 스승이 되시고 모범이 되시며 대속자가 되시고 구세주가 되시는 예수 그리스도를 믿으며
③ 우리는 하나님이 우리와 같이 계시사 우리의 지도와 위안과 힘이 되시는 성신을 믿으며
④ 우리는 사랑과 기도의 생활을 믿으며 죄를 용서하심과 모든 요구에 넉넉하신 은혜를 믿으며
⑤ 우리는 구약과 신약에 있는 하나님의 말씀이 신앙과 실행의 충분한 표준이 됨을 믿으며
⑥ 우리는 살아 계신 주 안에서 하나이 된 모든 사람들이 예배와 봉사를 목적하여 단결한 교회를 믿으며
⑦ 우리는 하나님의 뜻이 실현된 인류 사회가 천국임을 믿으며 하나님 아버지 앞에 모든 사람이 형제됨을 믿으며
⑧ 우리는 의의 최후 승리와 영생을 믿노라. 아멘.

(2) 감리회 신앙고백(1997년)
① 우리는 우주 만물을 창조하시고 섭리하시며 주관하시는 거룩하시고 자비하시며 오직 한 분이신 아버지 하나님을 믿습니다.
② 우리는 말씀이 육신이 되어 우리 가운데 오셔서 하나님의 나라를 선포하시고 십자가에 달려 죽으셨다가 부활승천 하심으로 대속자가 되시고 구세주가 되시는 예수 그리스도를 믿습니다.
③ 우리는 우리와 함께 계셔서 우리를 거듭나게 하시고 거룩하게 하시며 완전하게 하시며 위안과 힘이 되시는 성령을 믿습니다.
④ 우리는 성령의 감동으로 기록된 하나님의 말씀인 성경이 구원에 이르는 도리와 신앙생활에 충분한 표준이 됨을 믿습니다.
⑤ 우리는 하나님의 은혜로 믿음을 통해 죄사함을 받아 거룩해지며 하나님

의 구원의 역사에 동참하도록 부름 받음을 믿습니다.
⑥ 우리는 예배와 친교, 교육과 봉사, 전도와 선교를 위해 하나가 된 그리스도의 몸인 교회를 믿습니다.
⑦ 우리는 만민에게 복음을 전파함으로 하나님의 정의와 사랑을 나누고 평화의 세계를 이루는 모든 사람들이 하나님 앞에 형제됨을 믿습니다.
⑧ 우리는 예수 그리스도의 재림과 심판, 우리 몸의 부활과 영생 그리고 의의 최후 승리와 영원한 하나님나라를 믿습니다. 아멘.

(3) 기독교대한감리회 사회신경(1930년)
① 인종의 동등 권리와 동등 기회를 믿음.
② 인종과 국적의 차별 철폐를 믿음.
③ 가정생활의 원만을 위하여 일부일처주의의 신성함을 믿으며 정조문제에 있어 남녀간 차별이 없음을 믿으며 이혼의 불행을 알고 그 예방의 방법을 강구 실행함이 당연함을 믿음.
④ 여자의 현대 지위가 교육, 사회, 정치, 실업 각계에 있어서 향상 발달하여야 될 것을 믿음.
⑤ 아동의 교육받을 천부의 권리를 시인하여 교육에 힘쓰고 아동의 노동 폐지를 믿음.
⑥ 인권을 시인하여 공사창 제도, 기타 인신매매의 여러 가지 사회제도를 반대함이 당연함을 믿음.
⑦ 심신을 폐망케 하는 주초와 아편의 제조판매 사용을 금지함이 당연함을 믿음.
⑧ 노동 신성을 믿고 노동자에게 적합한 보호와 대우가 당연함을 믿음.
⑨ 정당한 생활유지의 품삯과 건강을 해하지 않을 정도의 노동시간을 가지게 함이 당연함을 믿음.
⑩ 7일 중 1일은 노동을 정지하고 안식함이 필요함을 믿음.

⑪ 노동쟁의에 공평한 중재제도가 있음이 필요함을 믿음.
⑫ 빈궁을 감소케 함과 산업을 진흥케 함을 믿음.
⑬ 불건전한 오락과 허례 사치 등으로 금전과 시간을 낭비함은 사회에 대한 죄악임을 믿음.

(4) 기독교대한감리회 사회신경(1997년)
　① 하나님의 창조와 생태계의 보존
　　우리는 하나님의 명하심을 따라 우주 만물을 책임 있게 보존하고 생태계의 위기를 극복해야 하는 사명이 있다.
　② 가정과 성, 인구 정책
　　우리는 가정과 성이 하나님께서 정하신 귀한 제도임을 믿는다. 가정을 올바로 보존하며 성의 순결성을 지키는 것은 우리의 사명이다. 그리고 우리는 인구 문제로 인한 세계적 위기를 극복하기 위해 책임 있는 인구 정책이 수립되도록 노력한다.
　③ 개인의 인권과 민주주의
　　우리는 하나님의 형상대로 지음 받은 인간에게 자유와 인권이 있음을 믿는다. 따라서 정권은 민주적 절차와 국민의 위임으로 수립되어야 하며 국민 앞에 책임을 져야 한다. 우리는 정권 유지를 위해 국민을 억압하고 언론의 자유를 위협하는 어떠한 정치 제도도 배격한다.
　④ 자유와 평등
　　우리는 모든 사람들이 하나님 앞에서 자유롭고 평등하기 때문에 성별, 연령, 계급, 지역, 인종 등의 이유로 차별하는 것을 배격하며 모든 사람들이 더불어 사는 사회 건설에 헌신한다.
　⑤ 노동과 분배 정의
　　우리는 자기실현을 위한 노동의 존엄성과 하나님이 주신 소명으로서의 직업을 귀하게 여긴다. 동시에 우리는 그 과정에서 나타나는 빈부의 격차를 시정하여 분배 정의가 실현되도록 최선을 다한다.

⑥ 복지 사회 건설

우리는 부를 독점하여 사회의 균형을 깨뜨리는 무간섭 자본주의를 거부하며 동시에 인간의 자유를 억압하는 전체주의적 사회주의도 배격한다. 우리는 온 국민이 사랑과 봉사의 정신으로 서로 도우며 사는 복지 사회 건설에 매진한다.

⑦ 인간화와 도덕성 회복

오늘의 지나친 과학 기술주의가 비인간화를 가져오고 물질 만능주의가 도덕적 타락(성도덕, 퇴폐문화, 마약 등)을 초래한다. 따라서 우리는 올바른 인간 교육, 건전한 생활, 절제 운동(금주, 금연 등)을 통하여 새로운 가치관의 형성과 도덕성 회복을 위해 앞장선다.

⑧ 생명 공학과 의료 윤리

우리는 근래에 급속히 발전한 생명 공학이 하나님의 창조의 질서와 인간의 존엄성을 파괴할 수도 있다는 사실과, 근대 의학의 발전이 가져오는 장기 이식 등에 대해 교회의 책임 있는 대책과 올바른 의료 윤리의 확립이 시급함을 강조한다.

⑨ 그리스도의 유일성과 정의 사회 실현

우리는 예수 그리스도가 우리의 유일한 구주임을 믿는다. 또한 오늘의 현실 속에서 정의로운 사회 건설을 위해서는 타 종교와 공동 노력한다.

⑩ 평화적 통일

우리는 반만년의 역사를 가진 하나의 민족이 여러 가지 국내외적 문제로 분단되어 온 비극을 뼈아프게 느끼며 이를 극복하기 위해 민족의 동질성 회복과 화해를 통한 민족, 민주, 자주, 평화의 원칙 아래 조속히 통일되도록 총력을 기울인다.

⑪ 전쟁 억제와 세계 평화

우리는 재래적 분쟁은 물론, 인류를 파멸로 이끄는 핵무기 생산과 확산을 반대한다. 동시에 세계의 기아문제, 식량의 무기화, 민족 분규, 패권주의 등의 해결을 위해 모든 나라와 협력함으로 세계 평화에 이바지한다.

3. 감리회(한국)의 조직과 직분제도

1) 조직

기독교대한감리회는 당회, 구역회, 지방회, 연회, 그리고 총회라는 다섯 종의 의회와 행정기관으로서는 연회 본부와 감리회 본부가 있습니다.

(1) 당회

당회는 교회의 기초적인 모임이며, 예배처소가 있고, 교회의 재정유지를 위한 의무를 감당하는 입교인 12명 이상이 있을 때 조직됩니다. 입교인이란 18세 이상 된 세례인으로서 담임목사가 예배서(예문)대로 입교시킨 이들입니다. 당회는 그 교회의 모든 입교인과 정식으로 그 교회와 관계를 가지고 있는 연회 회원(정회원, 준회원, 협동회원) 교역자들로 조직됩니다. 당회는 1년에 한 번씩 모이되 필요에 의하여 임시 당회도 모일 수 있으며 당회 의장은 그 교회의 담임목사나 담임전도사가 됩니다. 당회가 하는 일은 교인의 명부정리, 교회 임원선출, 속회조직, 자치기관장 인준, 신천장로를 천거합니다.

가. 임원회

당회는 임원회를 조직하여 당회를 대표할 실행부가 되게 하고 담임자가 그 의장이 됩니다. 임원회는 목사, 전도사, 교육사, 심방전도사, 장로, 권사, 집사, 교회학교장, 남선교회 회장, 여선교회 회장, 청장년선교회 회장, 청년회 회장, 당회 서기와 그 교회에 관계있는 연회원 곧 정회원, 준회원, 협동회원들로 조직합니다. 임원회는 대개 월 1회 소집하여 담임자와 더불어 교회발전을 위해 정책을 수립하여 시행토록 합니다.

나. 기획위원회

당회는 개체교회를 원활히 운영하기 위하여 담임자, 소속연회원, 장로들로 구성되는 기획위원회를 둡니다. 단, 7명이 안 될 때에는 임원 중에서 권사, 집사 순으로 보충하며, 당회에 임원들을 공천하며, 교회의 일들을 협의합니다.

다. 각 부

당회에서는 교회사업을 위해 아래와 같은 각 부를 둡니다. 각 부는 장로, 권사, 집사 중에서 약간 명을 택하여 조직합니다.

① 선교부

담임자를 도와서 교회의 선교계획을 수립하여 국내외 선교활동을 전개하고, 담임자의 지도하에 교인들의 가정을 심방하며, 낙심자를 권면하고, 불신자에게 전도합니다. 담임자의 지도하에 속회를 조직하여 운영하며 교회부흥을 도모합니다.

② 교육부

담임자를 도와서 기독교교육과 훈련에 관한 계획을 수립하고 이를 집행하고, 교인들의 교회생활과 사회생활에 대한 교육과 훈련을 실시합니다. 교회학교의 조직, 교육정책, 교육계획 및 운영지침을 수립하고 이를 시행합니다.

③ 사회봉사부

담임자를 도와서 교회 내외의 봉사활동을 하며 지역사회 발전과 개발을 위해 노력합니다.

④ 예배부

담임자의 지도에 따라 모든 예배와 성례가 은혜롭고 원만하게 진행되도록 계획을 수립하고 도우며, 담임자의 지도에 따라 예배 안내 및 헌금과 강단위원을 조직하여 훈련하고 세웁니다. 모든 예배의 일지를 성실하게 기록하여 보관합니다.

⑤ 문화부

담임자를 도와서 기독교문화 향상을 위하여 기획하며, 교회음악, 기독교문학, 예술, 체육활동 및 교육친교행사 등의 전반에 관한 계획을 수립하고 이를 시행합니다.

⑥ 재무부

교회의 연간 수입지출 예산안과 전년도 수입지출 결산서를 작성하고, 확정된 예산안의 원활한 집행을 위해 교인들에게 의무금을 부담케 하고 헌금할 것을 청합니다. 교회의 수입, 지출에 관한 회계업무를 처리하고 재정을 관리하며, 전임 교역자와 유급 직원들에게 생활비를 정기적으로 지급합니다. 교역자의 주택을 마련하고, 교역자의 퇴직금을 수합하여 금융기관에 예치하고 관리합니다. 감리회 본부, 연회, 지방회의 해당 부담금을 기일 내에 납부하고, 교회에 소속한 부동산에 부과되는 각종 세금과 그 밖의 공과금을 납기 내에 납부합니다. 임원회에 수입지출에 관한 재정 현황을 보고하고, 당회와 구역회에 연간 결산을 보고합니다.

⑦ 관리부

교회가 소유하거나 관리하고 있는 부동산 및 동산의 목록을 작성하여 보관합니다. 이 목록에는 부동산, 동산의 구분(부동산의 경우 소재, 지목, 지적 포함), 재산취득경위, 취득일자, 취득가액 등이 기입되어야 합니다. 그리고 재단법인 기독교대한감리회 유지재단에 편입 등기된 일자 등을 정확히 기입하여야 합니다. 교회가 부동산을 취득하였을 때는 6개월 이내에 유지재단에 등기합니다. 교회가 소유하거나 유지재단으로부터 수탁 관리 중에 있는 부동산을 사용 목적에 따라 관리 보존하고 재산을 효율적으로 관리합니다. 교회 예배당, 부속 건물 그리고 교회비품을 수리하고 보존합니다. 교회가 유지재단으로부터 수탁 관리 중에 있는 부동산 또는 유지재단에 편입, 등기되지 아니한 부동산을 매도하거나 환매, 무상양여, 신축 또는 증개축, 철거, 훼손 및 목적을 변경하고자 할 경우에는 서면으로 그 사유를 기재한 제안서를 구역회에 제출하여 승인을 얻은 다음 소정의 서식에 따라 재단법인 기독교대한감리회 유지재단이 사회의 허가를 받아야 합니다. 그 계획을 변경하고자 할 경우에도 또한 이와 같습니다. 교회의 비품을 매매하고자 할 경우에는 임원회의 승인을 받아야 합니다. 관리부장은 교회가 보존 관리하고 있는 부동산의 현황을 기재한 재산목록과 변동사항 등을 명시한 관리상태를 당회와 구역회에 보고합니다. 교회에서 보존 관리 중에 있는 건물과 비품 중 특별히 관리해야 할 건물과 비품은 임원회의 승인을 받아 각종 보험에 가입하고 그 결과를 당회, 구역회, 지방회, 연회 본부와 재단법인 기독교대한감리회 유지재단에 각각 보고합니다.

라. 속회

속회는 감리교회의 특유한 조직으로서 당회에서 교인 5세대에서 9세대 범위 안에서 조직하고 예배와 친교, 성경연구, 구제, 봉사를 목적으로 하며, 매주 금요일마다 교인 가정을 순회, 집회하며 새신자 신앙훈련과 교회부흥에 큰 공헌을 하는 기관입니다. 임원 중에서 속장 한 명을 택하여 심방과 관리를 책임지게 합니다.

마. 평신도 자치기관

교회 안에는 다음과 같은 평신도 자치기관들이 있습니다.

① 여선교회

교회 내 여성들이 그리스도의 정신으로 교회를 도우며 국내외 선교사업과 일반 사회봉사사업으로 천국운동에 참여하기 위해 조직한 모임입니다.

② 청년회(MYF)

교회의 청년들이 그리스도 안에 나타난 하나님의 사랑과 진리를 따라 성결한 생활을 함으로써 기독교적인 인격을 계발시키며, 교회를 통해 하나님의 모든 축복이 사람들에게 이루어지게 하기 위한 모임입니다. 청년회에는 중등부회(12~14세), 고등부회(15~17세), 청년부회(18~34세)가 있습니다.
③ 청장년선교회
교회 내에서 만 35세부터 만 47세 이하인 남자 청장년들로 조직하며, 감리교 정신에 입각한 친교, 봉사, 전도, 연구 등 평신도 활동을 통한 천국운동을 위한 모임입니다.
④ 남선교회
교회 내에서 만 48세 이상인 남자 장년들로 조직하며, 예수 그리스도의 사랑을 본받아 선교, 교육, 봉사, 친교 등 평신도 활동을 통한 천국운동을 위한 모임입니다.

(2) 구역회
구역회는 개체교회 1개소 이상, 입교인 12명 이상이며, 담임자의 생활비를 부담하며, 각종 부담금(지방, 연회, 본부, 은급 및 기타)을 납부할 수 있어야 합니다. 정기구역회는 1년에 한 번 모이되 감리사가 소집하며, 담임자는 감리사와 협의하여 주관할 수 있습니다. 구역회는 목사, 전도사, 교육사, 심방전도사, 장로, 권사, 속장, 선교부장, 교육부장, 사회봉사부장, 예배부장, 문화부장, 재무부장, 관리부장, 남선교회 회장, 여선교회 회장, 청장년선교회 회장, 청년회 회장, 교회학교 교장, 당회 서기, 감사들과 구역에 소속한 교역자 연회 회원들로 조직합니다.
구역회는 담임자와 모든 임원의 보고를 받으며, 지방회에 출석할 각 대표를 선출하고, 재산관계를 사문하고, 신년도 예산을 통과시킵니다.

(3) 지방회
담임구역 23개소 이상이 모여 지방회를 구성하는데 연회 정회원이 10명 이상이 되어야 합니다. 지방회 의장은 감리사가 되며, 연회 회원, 서리담임자, 전도사, 장로들과 각 구역에서 선출한 대표들 및 남선교회지방회연합회 회장, 여선교회지방회연합회 회장, 청장년선교회지방회연합회 회장, 청년회지방회연합회 회장, 교회학교지방회연합회 회장들로 조직합니다.

지방회는 1년에 한 번씩 모이며 신천장로에게 장로 증서를 주며 과정을 필한 장로들에게 안수하고, 장로들의 품행을 통과합니다. 그리고 지방 안의 선교, 교육, 사회봉사, 평신도 사업의 정책을 수립하고 시행합니다. 지방에는 지방회가 닫힌 동안 일을 처리할 실행부위원회를 둡니다.

(4) 연회

연회는 정회원 교역자들과 각 지방회에서 그와 동수로 택한 평신도 대표들, 준회원과 협동회원으로 조직하는데 평신도 대표는 가급적 여성이 15% 포함되어야 합니다. 연회 의장은 연회 감독이 되며, 1년에 한 번씩 모여, 모든 회원(정회원, 준회원, 협동회원)의 보고를 받으며 회원의 허입, 퇴회 등을 처리하고, 품행을 심사하며 목사안수를 줍니다.

연회는 선교사업, 교육사업, 사회평신도사업의 형편을 조사하여 그 발전방법을 연구 실천케 합니다. 연회는 감독과 연회 서기와 각 지방 감리사와 지방회별로 선출한 평신도 각 1명, 국내외선교사업위원회 위원장, 기독교교육사업위원회 위원장, 사회평신도사업위원회 위원장, 과정고시위원회 위원장, 자격심사위원회 위원장, 남선교회연회연합회 회장, 여선교회연회연합회 회장, 청장년선교회연회연합회 회장, 청년회연회연합회 회장, 교회학교연회연합회 회장으로 연회 실행부위원회를 조직합니다. 연회는 총회에 참석할 대표와 감리회 본부 각 국 위원들과 각 신학교 이사들을 선출합니다.

(5) 연회 본부

각 연회는 각 연회 본부를 연회사업 중심지에 설치하여 감리회 본부 각 국과 협력하여 국내외 모든 사업을 계획하여 실시합니다.

(6) 총회

총회는 기독교대한감리회의 최고의결기관입니다. 총회는 2년에 한 번씩 모이며 감독회장이 총회 의장이 되며, 각 연회에서 택한 10년 이상 정회원으로 계속 시무한 목사와 그와 동수의 평신도 대표들로 조직하되, 평신도 대표는 장로로 가급적 여성이 15% 포함되도록 임명된 연수에 따라 선정합니다.

총회는 감독과 감독회장을 선출하며 총회 안에 입법의회를 따로 설치하여 교회를 위한 모든 법률과 규칙을 제정합니다.

(7) 감리회 본부

감리회를 대표하여 국내외 선교사업과 기독교 교육사업과 사회 및 기관사업과 평신도 사업 등을 지도하고 발굴시키며, 감리회에 소속한 모든 재산을 보존 관리하고 개발하기 위해 서울에 감리회 본부를 설치하였습니다.

2) 직분제도

기독교대한감리회의 직분제도는 크게 두 가지로 나누어, 평신도 사역자와 교역자로 나눌 수 있습니다. 평신도 사역자란 연회의 파송을 받지 않는 사역자란 뜻이며, 교역자란 연회의 회원으로서 연회 감독의 파송을 받는 교역자란 뜻입니다.

(1) 개체교회 임원

가. 집사

집사는 신앙이 돈독하고 감리회에서 입교인이 된 후 2년 이상 경과되고 70세 미만인 자로서, 당회에서 택함을 받아 집사과정고시에 합격한 이라야 합니다. 집사는 선교부, 교육부, 사회봉사부, 예배부, 문화부, 재무부, 관리부, 기타 부서에 소속하여 맡은 바 직무에 봉사합니다.

나. 권사

권사는 신앙이 돈독하고 기도회를 인도하며 다른 사람들을 신앙적으로 권면할 능력이 있는 이로서, 집사로 5년 이상 연임한 35세 이상 되고 70세 미만인 이로 당회에서 택함을 받아 권사과정고시에 합격한 이라야 합니다. 당회는 입교인 15명에 대해 1명씩의 권사를 택할 수 있습니다. 권사는 담임자의 지도에 따라 기도회를 인도하며, 속회를 분담하여 성경을 가르치며 신앙생활을 지도합니다.

다. 장로

장로는 담임자를 도와서 교회에서 모든 임원의 활동을 지도하는 평신도 지도자이며 교회에서 매우 중요한 위치에 있는 평신도로서 한 번 선출되어 지방회에서 고시를 거쳐 장로가 되면 지방회원이 되며, 70세가 되어 은퇴할 때까지 계속 그 직분을 가집니다. 장로는 교회에서 입교인 30명에 대해 1명씩 선출할 수 있으며, 연령 40세 이상이 되고, 65세 미만인 이로서 권사로 5년 이상 연임한 이라야 합니다.

장로는 기획위원회의 천거를 받아 당회에서 출석회원 3분의 2 이상의 찬성으로 신천장로로 결의된 이로, 신천장로 고시과정에 합격하고 지방회 자격심사위원회의 심사를 거쳐 지방회에서 재적회원 과반수의 출석과 출석회원 3분의 2 이상의 찬성으로 품행 통과를 받고 장로증서를 받은 이여야 합니다. 그리고 장로증서를 받고 2년의 장로 진급과정을 4년 이내에 수료하면 지방회에서 장로안수를 받습니다.

장로는 교회의 재정유지에 힘써야 하며, 담임자의 부재나 유고 시에 직무를 대행할 부담임자가 없으면 담임자 또는 감리사가 위임한 범위 내에서 담임자의 직무를 대행할 수 있습니다.

장로는 70세가 되어 은퇴하여 원로장로가 되어도 임원회와 구역회와 지방회의 특별회원으로 예우를 받습니다.

(2) 개체교회 사역자

가. 교육사

교회의 기독교 교육분야를 담당하는 교육사는 감리회에 입교한 지 5년 이상이며, 감리교신학대학교, 목원대학교, 협성대학교, 총회 실행부위원회가 인준한 국내외 대학교에서 기독교교육학 분야 학사 이상의 학위를 취득해야 합니다. 교육사는 담임자의 제청으로 기획위원회의 협의를 거쳐 담임자가 임면하며, 당회와 임원회, 구역회의 회원이 됩니다.

나. 심방전도사

교회의 전도분야를 담당하는 심방전도사는 입교인 된 지 5년 이상이고 연령은 23세 이상된 이로 감리교신학대학교, 목원대학교, 협성대학교, 총회 실행부위원회가 인준한 국내외 대학교에서 신학 또는 기독교교육학 분야 학사 이상의 학위를 취득했거나, 감리회가 인준한 신학원에서 신학교육 과정을 졸업했거나, 장애인 중 감리회 본부의 위탁교육을 받고 자격을 얻은 이여야 합니다.

심방전도사는 담임자의 제청으로 기획위원회의 협의를 거쳐 담임자가 임면하며, 당회와 임원회, 구역회의 회원이 됩니다.

다. 기관 파송 전도사

기관 파송 전도사는 준회원 자격에 해당하는 이로서 군종사관후보생, 수련선교사, 그 밖의 기관에 파송 받은 전도사를 말하며, 감리사가 파송한 기관에서 맡은 일에 사역합니다.

군종사관후보생은 감리교신학대학교, 목원대학교, 협성대학교, 연세대학교 신학계열에 입학한 후, 군종사관후보생 선발고사에 합격하여 해당학과를 졸업하고 감리회 3개 신학대학교나 연세대학교의 신학계열 대학원에 입학한 이입니다.

수련선교사는 선교국에서 선교사 인준을 받은 이입니다.

수련목회자로 전문기관에 파송 받은 이와 수련목회자로서 교육국의 인준을 받아 학원선교사로 파송 받은 이입니다.
신학사 학위가 없는 이는 신학기초과목(30학점)과 감리회 교역자 필수과목을 이수해야 합니다.
라. 수련목회자
준회원 자격에 해당하는 이로서 수련목회자 고시에 합격하고 영성훈련을 마친 이거나, 장애인으로 감리교신학대학교, 목원대학교, 협성대학교에서 감리회가 위탁한 교육과정을 이수한 이입니다.
마. 서리담임자
준회원 자격에 해당하는 이로서 서리담임자로 파송을 받은 이거나, 장애인 중 감리회 본부의 위탁교육으로 감리교신학대학교, 목원대학교, 협성대학교의 과정을 수료한 이입니다.

(3) 개체교회 담임자
개체교회 담임자의 자격은 정회원, 준회원, 협동회원, 서리담임자로 구분합니다.

(4) 부담임자
부담임자는 목사안수를 받은 이여야 합니다.

교리해설과 문답

제1조 : 하나님

1. 우리 그리스도인의 첫째 되는 신조가 무엇입니까?
답 영원히 살아 계신 하나님을 믿는 믿음입니다.

2. 하나님은 누구십니까?
답 하나님은 ① 만물의 창조자시요 ② 섭리자시며 ③ 온 인류의 아버지시요 ④ 모든 선과 미와 애와 진의 근원이십니다.

3. 하나님께서 만물의 창조자가 되신다 함이 무슨 뜻입니까?
답 하나님께서 나와 모든 인류와 우주 안에 있는 유형무형한 만물과 온 우주, 곧 존재하는 모든 것을 만드셨다는 뜻입니다.

4. 하나님께서 섭리자가 되신다 함이 무슨 뜻입니까?
답 하나님께서 나와 온 인류를 기르시고 지키시며, 우리에게 필요한 모든 것을 사랑으로 주시고, 모든 악한 것과 해로운 것에서 우리를 지키시며, 우리의 죄를 미워하시며, 우리를 용서하시며, 의와 생명의 길로 우리를 인도하시고 사랑으로 돌보심을 뜻합니다. 그뿐 아니라 하나님께서는 당신의 참되신 지혜를 따라 우주 만물의 나고 자람과 시들고 쓰러짐을 주장하시고, 한 민족과 나라 온 세계를 공평한 의로 다스리시며 사랑으로 인도하심을 뜻합니다.

5. 사람이 하나님의 섭리를 거스를 수 있습니까?
답 사람은 타고난 자유로 하나님의 섭리를 거스를 수 있으나 하나님의 뜻은 영원하고 그 권능이 무한하여 사람의 거스름에도 불구하고 하나님은 그의 뜻을 이루십니다.

6. 하나님께서 온 인류의 아버지가 되신다 함이 무슨 뜻입니까?
답 이는 자기 형상대로 사람을 창조하신 하나님께서 온 인류를 아무 차별 없이 당신의 자녀로 삼아 기르시고 인도하시며 지키시고 축복하시는 분이라는 뜻입니다. 또한 하나님 앞에서 모든 인류가 똑같이 존엄하고, 신성하며, 자유하고 책임을 지며, 서로서로 한 형제로서 피차 완전함을 이루도록 서로 사랑하고 돕고 협력하도록, 은혜 주시는 분이라는 뜻입니다.

7. 하나님은 그의 사랑을 택함 받은 자에게만 베푸십니까?
답 모든 사람에게 아무 차별 없이 넘치도록 베푸십니다.

8. 하나님의 사랑이 어떻게 나타났습니까?
답 우리가 죄인이 되었을 때 그 아들 예수 그리스도께서 우리 죄를 위하여 화목제물이 되심으로 하나님께서 그 사랑을 우리에게 나타내셨습니다.

9. 하나님께서 가치의 근원이 되신다 함이 무슨 뜻입니까?
답 진리와 선함과 아름다움과 사랑은 개인의 마음과 사람들의 교제와 사회와 역사뿐 아니라 우주 안의 모든 현상에서도 찾아볼 수 있습니다. 이들 가치에 대한 사람들의 의식은 사람과 때와 장소에 따라 다를 수 있으나 진, 선, 미, 애

만은 영원하여 변치 않으며 인간과 역사의 길잡이가 되고 인간 삶의 목표가 됩니다. 또한 하나님은 모든 진, 선, 미, 애의 근원이 되십니다. 진리를 찾고 선을 원하며 아름다움을 바라고 사랑을 주고받음은 하나님을 찾고 바라며 동경하고 사랑함이 됩니다.

10. 하나님은 몇 분이십니까?
답 하나님은 오직 한 분이십니다. 오직 한 분이신 하나님을 믿고 높이며 예배하고 순종하며 오직 그에게만 충성함이 모든 인류의 영광스러운 의무입니다.

제 2 조 : 예수 그리스도

1. 우리의 둘째 되는 신조가 무엇입니까?
답 하나님의 아들 예수 그리스도를 믿는 믿음입니다.

2. 예수님은 누구십니까?
답 하나님이 육신으로 나타나사 우리의 스승이 되시고 모범이 되시며 대속자가 되시고 구세주가 되시는 하나님의 아들이시니 그는 참 하나님이시요, 참 사람이십니다.

3. 하나님께서 육신으로 나타나셨다 함이 무슨 뜻입니까?
답 영원하시고 거룩하시며 진리와 의의 근원과 본체가 되시는 하나님께서는 우리 죄를 노여워하시고 벌하시되 그 풍성하신 사랑으로 우리의 죄를 사하시고 대속하셔서 우리를 자녀로 삼으시기를 기뻐하십니다. 하나님은 그의 사랑을 사람에게 보이시려고 독생성자 예수 그리스도를 마리아의 몸을 빌어 육신을 입고 세상에 오시게 하셨습니다. 그는 우리와 같은 육체와 성정을 가지고 자라셨고, 우리 죄를 위하여 고난을 받으사 십자가에 못 박혀 죽으시고 장사한 지 사흘 만에 다시 사셨음을 뜻합니다.

4. 예수 그리스도께서 우리의 스승이 되시고 모범이 되신다 함이 무슨 뜻입니까?
답 예수님께서 말씀하시기를 나를 본 자는 아버지를 보았다 하셨고 또 내가 곧 길이요 진리요 생명이라 하셨으니 이는 예수님께서 하나님과 그의 진리와 사랑 및 영생의 도를 몸으로써 가르치셨고 믿음과 복종, 사랑과 겸비의 생활을 우리에게 보이신 것입니다. 그러므로 그에게 배우고 그를 배우며, 그를 본받고 그를 따라 살면 우리의 삶이 하나님이 기뻐하시는 바가 될 뿐만 아니라 또 우리의 당연한 행동이 됨을 뜻합니다.

5. 예수 그리스도의 중심 되는 교훈이 무엇입니까?
답 예수 그리스도의 중심 되는 교훈은 곧 이것들이니 네 마음을 다하고 목숨을 다하고 뜻을 다하여 주 너의 하나님을 사랑하고, 네 이웃을 네 몸과 같이 사랑하라는 것입니다.

6. 예수 그리스도께서 우리의 대속자가 되신다 함이 무슨 뜻입니까?
답 하나님께서 그 사랑 곧 은혜가 풍성하심을 따라 우리가 죄를 지어 죽음의 종이 되었을 때 그 아들 예수 그리스도로 우리의 죄를 대신 지시고 우리가 받을 벌을 대신 받게 하셨습니다. 이로써 하나님은 그의 의를 이루시고 하나님의 노여움을 풀어 우리로 죄 사함을 받아 그의 자녀가 되게 하셨습니다. 그러므로 예수 그리스도는 우리를 구원하시려 죽으신 대속자시오, 우리의 주님이 되십니다.

7. 예수 그리스도께서 왜 우리의 죄를 속하셨습니까?
답 잃어버린 자와 죄인을 찾아 아들을 삼으심이 사랑이신 하나님의 뜻이요, 그의 기쁨이시며, 우리의 죄를 속하여 새롭게 함이 사랑과 권능의 주님이신 그리스도의 즐거움이 되기 때문입니다.

8. 예수 그리스도께서 구세주가 되신다 함이 무슨 뜻입니까?
답 온 인류와 세계가 하나님 앞에 영광을 얻지 못하였으나 하나님께서 그의 아들 예수 그리스도로 온 세상의 죄를 속하게 하시고 인류와 그 역사가 그리스도를 믿어 하나님 앞에 다시 의로워지게 하셨습니다. 진실로 예수 그리스도는 모든 세대와 모든 나라와 모든 인류의 소망이시요, 그들의 구주가 되신다는 뜻입니다.

9. 예수 그리스도 외에 다른 구주가 또 있습니까?
답 천하 인간이 다른 이름으로 구원을 얻지 못하고, 오직 독생성자 예수 그리스도를 믿음으로 구원을 얻을 수 있습니다.

제3조 : 성령

1. 우리의 셋째 되는 신조가 무엇입니까?
답 하나님이 우리와 같이 계시사 우리의 지도와 위안과 힘이 되시는 성령을 믿는 믿음입니다.

2. 성령은 누구십니까?
답 성령은 성부(하나님)와 성자(예수 그리스도)로부터 오신 분이신데 그 본질과 위엄과 영광이 성부와 성자와 같으시며 항상 우리와 함께 계신 하나님이십니다.

3. 성령이 하시는 일이 무엇입니까?

답 첫째로, 예수 그리스도는 하나님의 아들로서 영원히 살아 계신 분이시요 우리의 대속자가 되시며 구세주가 되심을 믿게 하십니다. 누구든지 성령의 역사함 없이는 예수 그리스도를 하나님의 계시인 아들이요 생명의 구주가 되심을 믿는 자가 없습니다.

둘째, 성령은 우리 안에 구원의 주가 되시는 그리스도에 대한 믿음을 낳게 하시고 자라게 하십니다. 성령은 우리가 생명의 길을 걸어 하나님 앞에 나가도록 우리를 지도하시며 믿음과 소망과 사랑을 날로 더해 주시며 고독할 때와 슬플 때, 실패할 때와 핍박을 받을 때 우리의 마음을 살피시고 위로와 힘이 되는 일을 하십니다.

제 4 조 : 구원

1. 우리의 넷째 되는 신조가 무엇입니까?

답 죄를 용서하심을 믿으며 사랑과 기도의 생활을 믿으며 모든 (각 사람의) 요구에 넉넉한(동등한) 은혜를 믿는 믿음입니다.

2. 죄를 용서하신다 함이 무슨 뜻입니까?

답 이는 모든 사람을 위한 하나님의 사랑, 곧 은혜의 첫 효능을 의미합니다. 사람은 하나님 앞에서는 모두 죄인이기 때문에 주님의 뜻을 거슬러 불의하게 사는 자들입니다. 그러나 인간을 향한 하나님의 사랑이 인간의 죄보다 더 크고 강하기 때문에 인간이 져야 할 죄의 값을 몸소 대신 지시고 사람들의 마음에 당신의 사랑을 부어주사 우리로 그의 사랑을 알게 하십니다. 우리 주 그리스도는 이러한 사랑의 계시요, 성령은 그리스도의 은혜를 우리로 알게 하시고, 하나님께서는 죄인된 자를 용서하사 그의 아들로 받아들이십니다. 이처럼 우리 죄가 용서받음이 우리의 소망이요, 기쁨이 됩니다.

3. 죄란 무엇입니까?

📖 첫째로, 죄란 우리가 타고난 본성의 이름이니 모든 악한 생각과 시험과 오만한 행동과 죽음이 여기에서 나옵니다. 모든 사람이 다 죄인이라 하나님의 영광을 능히 얻지 못하더니 예수 그리스도의 속죄하심으로 인하여 우리가 죄를 용서받게 되었습니다.

둘째로, 죄는 믿음으로 하지 않는 생각과 행동을 가리킵니다. 사랑하고 계명을 지키며 교회를 섬기고 하나님을 순종한다 할지라도 하나님의 뜻과 영광을 먼저 위하여 하지 않고는, 자기 영광과 이익을 앞서 생각하며 바라는 것은 다 하나님 앞에 죄가 됩니다.

셋째로, 죄는 하나님의 율법을 범하는 것입니다. 하나님의 율법은 "마음과 뜻과 힘과 정성을 다하여 주 너의 하나님을 사랑하고 네 이웃 사랑하기를 네 몸과 같이 하라" 하신 말씀으로 요약될 수 있고 모든 악행이 이를 준행치 않음에서 시작됩니다. 미워함과 탐심과 간음과 교만과 기타 모든 계명을 범함이 다 죄가 됩니다. 그러므로 십계명과 교회가 정한 율례를 다 행함이 우리 교인에게는 당연한 일입니다.

4. 하나님의 은혜를 받은 이들의 생활은 어떠합니까?

📖 하나님의 은혜를 받은 이는 모름지기 사랑과 기도의 생활을 하여야 합니다. 우리가 죄인이 되었을 때 하나님께서는 우리를 먼저 사랑하사 그의 아들을 속죄물로 주시고 우리에게 본을 보이셨습니다. 그러므로 우리도 하나님께서 우리를 사랑하신 것같이 형제를 사랑함이 당연합니다. 진실로 형제를 사랑함은 그리스도인의 의무요, 생활이요, 기쁨이요, 영광입니다.

기도의 생활은 하나님과 하나님을 믿는 사람들 사이의 교제를 말합니다. 예수 그리스도 안에 있는 하나님의 은혜로 죄의 사유와 영생의 확증을 가진 사람만이 하나님과 사귈 수 있습니다. 그러므로 우리는 기도의 생활을 통하여 하나님의 말씀을 듣고 의지하고 복종하여 하나님께 영광을 돌려보내고 우리의 소원과 뜻과 계획을 말씀드려 지시와 은사를 기다려야 합니다. 진실로 "나의 뜻이 아니요 아버지의 뜻이 이루어지이다" 함이 기도의 정수요, 극치입니다.

5. 하나님의 용서하심과 구속하시는 범위가 어떠합니까?

🔳 하나님의 은혜는 값없이 주어질 뿐만 아니라 모든 사람에게 다 동일하게 주어집니다. 하나님은 사랑이시요, 모든 사람은 다 죄인입니다. 죄인을 찾아오시고 그를 용서하며 구속하여 당신의 자녀로 돌이키시기까지 사랑이신 하나님은 십자가를 지셨습니다. 그러므로 어떤 사람은 나기 전부터 멸망에로 미리 정하시고 어떤 사람은 하나님의 은혜 안의 구원에로 미리 정하셨다 함은 허망하고도 오만한 인간의 이야기에 불과합니다. 진실로 하나님의 은혜는 모든 믿는 자에게 값없이 주시되 인종과 민족과 교파와 성별과 빈부와 귀천 및 지식의 있고 없음의 구별이 없습니다. 그리스도는 모든 사람의 구주시요, 그의 복음은 만민을 위한 기쁜 소식입니다.

제 5 조 : 성경

1. 우리의 다섯째 되는 신조가 무엇입니까?

🔳 구약과 신약에 있는 하나님의 말씀이 신앙과 실행의 충분한 표준이 됨을 믿는 믿음입니다.

2. 우리의 신앙의 표준이 되는 정경(正經)은 무엇입니까?

🔳 우리 신앙의 표준이 되는 정경은 구약과 신약으로 된 성경입니다. 이는 성

령의 영감을 받은 이들이 개인과 사회와 민족과 국가와 세계와 그 역사에 대한 하나님의 말씀을 기록한 것이며, 시대와 장소와 인종을 초월하여 하나님의 뜻과 지혜와 사랑과 생명을 주시는 영원히 살아 계신 전능의 말씀입니다.

3. 하나님의 말씀이 "구약과 신약에 있다" 함이 무슨 뜻입니까?
답 성경은 사람의 말과 글로 쓰인 하나님의 말씀을 기록한 기호이지 그 자체가 하나님의 말씀이 아닙니다. 비록 성경의 글을 다 외울지라도 이 글을 통하여 말하는 하나님의 말씀을 듣지 못하면 성경을 알고 믿는다 할 수 없습니다. 바로 구약과 신약에는 그 하나님의 말씀이 글로 표현되어 있음을 뜻합니다.

4. 구약과 신약이란 무엇입니까?
답 구약과 신약이란 서로 반대되는 것이 아닙니다. 구약이란 예수님이 이 세상에 오시기 전 하나님께서 역사하시는 모습과 메시아로서 오실 예수 그리스도에 대한 예언의 말씀이 기록된 문서를 모은 책입니다. 신약은 구약의 예언대로 예수 그리스도가 하나님의 아들로서 인간의 몸을 입고 오시고, 인류와 이 세상을 구속하시려고 십자가에 죽으셨고, 3일 만에 다시 부활하시고, 성령으로 오시어 이 세상 역사를 주관하시는 살아 계신 분임을 고백하는 말씀이 기록된 책입니다.

5. 성경에 있는 하나님의 말씀은 어떠한 의미를 가지고 있습니까?
답 성경에 있는 하나님의 말씀은 신앙과 실행의 충분한 표준이 됨으로 구원에 필요한 모든 것이 포함되어 있습니다. 그뿐 아니라 "모든 성경은 하나님의 말씀이므로 교훈과 책망과 바르게 함과 의로 교육하기에 유익하며, 하나님의 사랑으로 온전케 하며, 모든 착한 일을 더욱 온전케 합니다." 진실로 하나님께서는 우리의 신뢰와 구원 및 사랑과 봉사 등 믿음과 실행에 필요한 가르침과 영감과 능력을 성경에 기록된 하나님의 말씀으로 우리에게 주십니다.

제 6 조 : 교회

1. 우리의 여섯째 되는 신조가 무엇입니까?
답 살아 계신 주 안에서 하나가 된 모든 사람들이 예배와 봉사를 목적하여 단결한 교회를 믿는 믿음입니다.

2. "살아 계신 주 안에서 하나가 된 사람들"이란 무슨 뜻입니까?
답 예수 그리스도로 인하여 우리가 하나님의 사랑으로 구원을 받았고, 성령의 도우심으로 그리스도가 우리의 구주가 되심을 증거하고, 그로 말미암아 권능을 받아 믿음과 소망을 가지는 사람들입니다. 진실로 한 하나님, 한 그리스도, 한 성령을 힘입어 한 믿음, 한 사랑, 한 소망을 우리가 가졌으며 우리는 영원히 살아 계신 주 안에서 한 형제가 되었다는 뜻입니다.

3. 교회란 무엇입니까?
답 그리스도 안에서 믿음과 소망과 사랑과 사명을 같이한 형제들이 예배와 전도, 봉사와 교제를 목적으로 단결한 모임을 말합니다.

4. 교회의 주인이고 머리 되시는 분은 누구십니까?
답 모든 성도는 그리스도의 은혜로 죄와 사망에서 구원받고 생명을 얻었습니다. 그리고 이들이 모여 예배와 전도와 봉사와 교제를 목적으로 교회를 이루었습니다. 그러므로 교회의 주인이고 머리 되시는 분은 교회가 있게 하신 예수 그리스도이십니다.

5. 교회가 구원의 오직 하나인 방주라 함이 옳은 말입니까?
답 구원은 하나님의 선물로, 우리가 예수 그리스도를 구주라고 고백하는 믿음으로만 받습니다. 교회는 구원받는 성도의 모임이지 구원하는 주체가 아닙니다. 그러므로 교회를 믿음으로 구원받는 것이 아니라 오직 예수 그리스도 한 분만을 믿고 의지할 때만이 구원을 받을 수 있습니다.

6. "교회가 필요 없다" 함이 당연합니까?
답 은혜 받고 전하지 않으며, 믿고 증거하지 않으며, 사랑을 받고 섬기지 않으며, 사귀지 않으면, 그리스도를 믿는 그리스도인이라 할 수 없는 것처럼, 믿기만 하고 믿는 자들끼리 교제하거나 서로 사랑함이 없다면 그리스도의 복음을 거스르는 일이 됩니다.
한 믿음 한 사랑을 가지고 서로 사귀며 구원의 기쁨을 만백성에게 전하고 그리스도인의 통치를 성취하려는 그리스도인들은 단결하여 교회를 이루어야 합니다. 그러므로 교회가 필요 없다는 허망한 독단은 있을 수 없으며, 이는 교회의 주인이고 머리 되신 예수 그리스도를 욕되게 하는 행위가 됩니다.

제 7 조 : 하나님 나라

1. 우리의 일곱째 신조가 무엇입니까?
답 하나님의 뜻이 실현된 인류 사회가 천국임을 믿으며 하나님 아버지 앞에 모든 사람이 형제됨을 믿는 믿음입니다.

2. 천국이란 무엇입니까?
답 하나님의 뜻이 실현된 인류 사회, 곧 하나님께서 통치하시는 인류 사회를 뜻합니다. 현세든 내세든 하나님이 인류 사회를 통치하시고 주관하시는 나라, 그리고 인류가 그의 통치와 뜻을 따라 그를 의지하고 그에게 복종하는 곳에 천국이 이루어집니다.

3. 천국은 사람이 건설할 수 있습니까?

답 통치의 주관자가 하나님이시므로 천국 건설은 하나님의 소관이지 사람이 건설하는 것이 아닙니다. 그러나 하나님의 통치는 인류의 신뢰와 절대복종을 의미하기 때문에 그리스도인이 천국 성취를 위해 하나님의 일에 참여하고 그와 같이 일할 의무와 책임이 있습니다.

4. "천국이 네 마음 속에 있다" 함이 무슨 뜻입니까?

답 하나님 나라는 구름 위에 있는 저 세상이 아니라 바로 이 세상에, 그리고 이 세상에 사는 인간들 속에 있는 나라입니다. 뿐만 아니라 그 인간들의 중심이 되는 진실된 마음에서 그 나라는 싹트고 있다는 말입니다.

5. 하나님 나라는 어떻게 이루어져 있습니까?

답 하나님께서 모든 사람의 아버지가 되시고, 모든 사람이 하나님 앞에 한 형제로 되어 있습니다.

6. "하나님이 모든 사람의 아버지가 된다" 함이 무슨 뜻입니까?

답 첫째로 하나님이 인류를 만드셨음을 뜻함이요, 둘째로 하나님께서 그리스도를 믿는 사람을 당신의 자녀로 삼으셨다 함이요, 셋째로 모든 인류가 하나님을 믿고 그에게 영광을 돌림이 인생의 목적임을 말함이요, 넷째로 믿는 사람은 자기를 구속하신 예수 그리스도와 하나님의 은혜를 말과 행실로 증거함을 뜻합니다.

7. "하나님 앞에 모든 사람이 형제된다" 함이 무슨 뜻입니까?

답 모든 사람은 하나님의 형상대로 지음 받은 사람이요, 천하에 있는 무엇으로도 바꿀 수 없는 존귀와 영광과 자유를 타고난 사람입니다.
또한 사람의 가치는 하나님의 아들됨에 있는 것이지 그가 속한 인종, 민족, 계급, 빈부, 교양 등으로 평가될 수 없습니다. 그러므로 하나님 앞에서 모든 인간이 평등하며 형제처럼 서로 사랑하고 봉사하고 존경하여야 합니다.

제 8 조 : 영생

1. 우리의 여덟째 되는 신조가 무엇입니까?
답 의의 최후 승리와 영생을 믿는 믿음입니다.

2. "의의 최후 승리"라 함이 무슨 뜻입니까?
답 의는 하나님께 속한 것이므로 "의의 최후 승리"란 하나님의 승리인 동시에 그를 믿고 순종하는 사람들의 승리를 의미합니다. 그러므로 믿는 사람이 땅 위에서 나그네 되었을 때, 또는 이 세상에서 경멸과 박해와 죽임을 당할지라도 하나님의 의가 승리함으로 그를 믿는 사람 역시 그리스도의 사랑과 진리로 증오와 거짓과 오만을 정복하고 하나님과 함께 승리하는 사람이 됩니다. 이는 세상의 아무것으로도 예수 그리스도 안에 있는 하나님의 의와 사랑을 이기는 사람이 없기 때문입니다.

3. 영생은 무엇입니까?
답 하나님은 생명의 근원이시므로 하나님에게는 죽음이 있을 수 없고, 죽음에서 부활하신 예수 그리스도는 죽음을 이기신 하나님이시므로 다시는 죽을 수가 없습니다. 그러므로 "영생은 곧 이것이니 홀로 하나이신 하나님을 믿고 또 그가 보내신 자 곧 예수 그리스도를 믿는 것"입니다.
그러므로 그리스도의 은혜로 자녀된 그리스도인은 사망에서 나와 영원한 생명에 들어갔으니 다시는 죄와 죽음이 그를 주장치 못하고 예수 그리스도를 믿는 사람은 그리스도와 함께 영원토록 살 것입니다. 아멘.

세례 문답

1. 교회생활에 관하여

1. 우리 교회의 이름을 아십니까?
답 기독교대한감리회 ○○○○교회입니다.

2. 교회에 나오기 시작한 지 얼마나 되었습니까?
답 (   )년 (   )개월이 지났습니다.

3. 교회를 나오기 시작한 후 주일을 힘써 지켰습니까?
답 예, 지켰습니다.

4. 우상을 섬기거나 혹은 택일, 점치는 일 등을 하십니까?
답 아니요, 절대로 하지 않습니다.

5. 사람은 하나님 앞에서 누구나 죄인인 것을 믿습니까?
답 예, 믿습니다.

6. 매일 기도 생활을 하십니까?
답 예, 매일 규칙적으로 기도하고 있습니다.

7. 기도는 누구의 이름으로 합니까?
답 예수 그리스도의 이름으로 합니다.

8. 주기도문을 외울 수 있습니까? 외워 보십시오.
답 하늘에 계신 우리 아버지여, 이름이 거룩히 여김을 받으시오며, 나라가 임하시오며, 뜻이 하늘에서 이루어진 것같이 땅에서도 이루어지이다. 오늘 우리에게 일용할 양식을 주시옵고, 우리가 우리에게 죄 지은 자를 사하여 준 것같이 우리 죄를 사하여 주시옵고, 우리를 시험에 들게 하지 마시옵고, 다만 악에서 구하시옵소서. 나라와 권세와 영광이 아버지께 영원히 있사옵나이다. 아멘.(마 6:9~13)

9. 성경을 읽고 공부하십니까?
답 시간을 내어 읽고, 공부하고 있습니다.

10. 어느 속회에 속해 있습니까? 속회에 출석하십니까?
답 ○○○속에 속해 있으며 매주 속회에 출석하고 있습니다.

11. 감리교회 조직의 특색을 말해 보십시오.
답 감독 제도, 감리사 제도, 속회 조직 등입니다.

12. 감리교회의 의회 조직에 대해 말해 보십시오.
답 감리교회는 당회, 구역회, 지방회, 연회, 총회(입법의회 포함)가 있습니다.

13. 교회가 하고 있는 사업을 크게 분류하면 어떤 것이 있습니까?
답 전도사업(선교), 교육사업, 사회봉사사업입니다.

14. 교인생활의 중요한 의무는 무엇입니까?
답 예배, 기도회, 속회, 교회학교, 사경회, 부흥회, 그 밖의 모든 은혜 받는 집회에 참석해야 합니다. 그리하여 구주이신 예수 그리스도를 다른 사람에게 증거하고, 매일 성경을 읽으며 기도해야 합니다.
감리회의 「교리와 장정」을 공부하고 이를 지켜야 합니다. 교회에 헌금과, 교회사업에 대한 의무금을 내야 합니다. 교회의 임원이나 직무를 맡았을 때에는 충실하게 이를 수행해야 합니다. 감리회에서 발행하는 기관지와 서적 등을 구독해야 합니다.
교인은 지역사회에서 섬기는 일에 솔선수범하고, 환경을 사랑하고 보존하는 일에 솔선수범해야 합니다. 사회신경을 준수하며, 한 남자와 한 여자의 결혼을 통해 구성된 가정의 신성함을 존중해야 합니다.

15. 가족과 다른 사람에게 복음을 전하고 있습니까?
답 기회 있는 대로 복음을 열심히 전하고 있습니다.

16. 교회의 중요한 절기는 무엇입니까?
답 강림절, 성탄절, 주현절, 사순절, 부활절, 성령강림절, 맥추감사절, 추수감사절 등입니다.

17. 예배는 무엇입니까?
답 예배란 예수 그리스도 안에서 자신을 보여 주신 하나님의 계시와 그에 대한 인간의 찬양과 헌신으로 나타나는 응답의 표현입니다.

18. 예수 그리스도를 끝까지 믿기로 작정하였습니까?
답 예, 그렇게 결심하였습니다.

2. 성경에 관하여

1. 성경은 어떤 책입니까?
답 기독교의 경전으로서 하나님의 말씀을 기록한 책이며 신자의 신앙과 실행의 표준이 되는 책입니다.

2. 성경은 어떻게 기록되었으며 무엇에 유익합니까?
답 하나님의 감동으로 된 것으로 교훈과 책망과 바르게 함과 의로 교육하기에 유익합니다.

3. 성경은 총 몇 권으로 구성되어 있으며 그중에서 구약과 신약은 각 몇 권입니까?
답 성경은 총 66권이고 그중에서 구약성경은 39권, 신약성경은 27권입니다.

4. 하나님께서 사람을 어떤 형상으로 만드셨습니까?
답 하나님의 형상으로 만드셨습니다.

5. 하나님이 만드신 첫 사람들은 누구입니까?
답 아담과 하와입니다.

6. 아담과 하와는 왜 에덴동산에서 쫓겨났습니까?
답 하나님께서 먹지 말라고 명령하신 선과 악을 알게 하는 나무의 열매를 따먹음으로써 하나님께 불순종하였기 때문입니다.

7. 모세 5경은 무엇 무엇입니까?
답 창세기, 출애굽기, 레위기, 민수기, 신명기입니다.

8. 모세는 어떤 사람이었습니까?
답 이스라엘 민족을 애굽에서 구해낸 신앙의 지도자로서 하나님에게서 십계명을 받아 우리에게 전한 사람입니다.

9. 이스라엘 백성은 가나안 땅에 들어가기 위하여 광야에서 몇 년 동안 살았습니까?
답 40년입니다.

10. 십계명을 외우십니까?
답 예, 외웁니다.
　첫째, 너는 나 외에는 다른 신들을 네게 두지 말라. 둘째, 너를 위하여 새긴 우상을 만들지 말고, 또 위로 하늘에 있는 것이나 아래로 땅에 있는 것이나 땅 아래 물 속에 있는 것의 어떤 형상도 만들지 말며, 그것들에게 절하지 말며, 그것들을 섬기지 말라. 셋째, 너는 네 하나님 여호와의 이름을 망령되게 부르지 말라. 넷째, 안식일을 기억하여 거룩하게 지키라. 다섯째, 네 부모를 공경하라. 여섯째, 살인하지 말라. 일곱째, 간음하지 말라. 여덟째, 도둑질하지 말라. 아홉째, 네 이웃에 대하여 거짓 증거하지 말라. 열째, 네 이웃의 집을 탐내지 말라.

11. 이스라엘의 사사는 무엇을 하는 사람이었습니까? 유명한 사사 세 사람의 이름을 말해 보십시오.
답 사사는 다른 민족에게 압박을 받거나 전쟁을 할 때에는 군사령관이었고, 평상시에는 판사의 역을 담당하기도 하였습니다. 사사에는 옷니엘, 에훗, 삼갈, 드보라, 기드온, 돌라, 야일, 입다, 입산, 엘론, 압돈, 삼손 등이 있습니다.

12. 구약의 예언자들은 어떤 일을 하였습니까?
답 하나님의 말씀을 듣고 그 말씀을 사람들에게 전하였습니다.

13. 4대 예언서의 이름을 말해 보십시오.
답 이사야서, 예레미야서, 에스겔서, 다니엘서입니다.

14. 임마누엘의 뜻은 무엇입니까?
답 하나님이 우리와 함께하신다는 뜻입니다.

15. 복음서는 무엇이고, 공관복음서는 무엇입니까?
답 복음서는 마태·마가·누가·요한복음을 말하고, 공관복음서는 그중에서 마태·마가·누가복음을 말합니다. 그리스도의 생애에 대하여 공통적인 관점을 가지고 기록했기 때문에 공관복음이라 합니다.

16. 예수님의 제자는 몇 명입니까? 그 이름을 아는 대로 말해 보십시오.
답 열두 명입니다. 베드로, 안드레, 야고보, 요한, 빌립, 바돌로매, 도마, 마태, 알패오의 아들 야고보, 가나안 사람 시몬, 다대오, 가룟 유다입니다.

17. 예수님의 사랑을 가장 많이 받았던 세 제자의 이름은 무엇입니까?
답 베드로, 요한, 야고보입니다.

18. 바울은 어떤 사람입니까?
답 처음에는 기독교를 핍박하였으나 다메섹으로 가는 도중에 예수님을 만나 회개하고 한 평생을 사도로서 이방인 전도에 힘을 쓴 사람입니다.

19. 최초로 그리스도인이라는 말을 들은 교회는 어디입니까?
답 안디옥교회입니다.

20. 갈라디아서 5장에 나와 있는 성령의 아홉 가지 열매에 대해서 말해 보십시오.
답 사랑, 희락, 화평, 오래 참음, 자비, 양선, 충성, 온유, 절제입니다.

21. 옥중서신이란 무슨 책입니까?
답 사도 바울이 옥중에서 기록한 책으로 에베소서, 골로새서, 빌립보서, 빌레몬서를 말합니다.

22. 목회서신이란 어떤 책입니까?
답 사도 바울이 그의 사랑하는 제자 디모데와 디도에게 보낸 교회치리에 관한 지도와 권고의 편지로, 디모데전·후서와 디도서를 말합니다.

23. 행함이 없는 믿음은 죽은 것이라 말하면서 믿음의 열매로서 행함을 강조한 책은 무엇입니까?
답 야고보서입니다.

24. 신약성경의 마지막 책은 무엇입니까?
답 요한계시록입니다.

25. 성경에 기록된 진리를 믿습니까?
답 예, 믿습니다.

26. 성경을 하루에 몇 장이나 읽습니까?
답 (솔직하게 답하십시오.)

27. 암송하고 있는 성경구절을 말해 보십시오.
🈳 (외우고 있는 구절을 말하십시오.)

28. 성경을 하나님의 말씀으로 믿고 그대로 살도록 노력하였습니까?
🈳 하나님의 도우심으로 말씀대로 살려고 노력합니다.

3. 교리에 관하여

1. 기독교 신앙의 중심은 무엇입니까?
🈳 예수 그리스도이십니다.

2. 예수님께서 세상에 오신 목적은 무엇입니까?
🈳 우리를 죄에서 구원하시기 위함입니다.

3. 예수님께서 전하신 복음의 중심은 무엇입니까?
🈳 하나님 나라입니다.

4. 왜 예수님을 믿습니까?
🈳 예수님은 하나님의 아들이요, 나를 구원하시기 위하여 죽으시고 부활하심으로 내가 하나님의 자녀로 새로운 삶을 살게 하셨기 때문입니다.

5. 천지만물과 인간을 창조하신 이가 누구입니까?
🈳 하나님이십니다.

6. 하나님은 어떤 분이십니까?
답 하나님은 영생하시고 진실하시고 영원무궁하시고 무형무상하신 성부·성자·성령 삼위일체의 오직 한 분이신 하나님이십니다.

7. 우리가 하나님을 어떻게 알 수 있습니까?
답 모든 자연 만물과 사람의 양심과 믿음을 통하여 알 수 있으며, 무엇보다 성서와 예수님을 통하여 알 수 있습니다.

8. 하나님은 어디 계십니까?
답 어디나 안 계신 데가 없으시며, 특히 믿는 자의 생활 속에 성령을 통하여 함께 계십니다.

9. 성령이란 무엇입니까?
답 성령은 성부와 성자께로부터 오신 제3위로서 그 본질과 위엄과 영광이 성부, 성자와 더불어 동일하시고 참되시고 영원하신 하나님이십니다.

10. 은혜란 무엇입니까?
답 받을 자격이 없는 이에게 하나님께서 값없이 거저 주시는 선물입니다. 특히 예수 그리스도는 은혜의 대표적인 상징입니다.

11. 회개와 구원이란 무엇입니까?
답 하나님에게서 떨어져 있던 인간이 자신의 죄를 자각하여 죄인임을 깨닫고 뉘우치며 반성하여 하나님께로 돌아와 하나님의 백성으로서 변화된 생활을 하는 것을 말합니다.

12. 중생(重生)이란 무슨 뜻입니까?

답 예수님을 믿고 죄를 회개하고 속죄함을 받아 마음에 뜨거운 체험을 가져 새 사람으로 거듭나는 것을 의미합니다.

13. 모든 계명 중 가장 큰 계명 두 가지는 무엇 무엇입니까?

답 첫째, 네 마음을 다하고 목숨을 다하고 뜻을 다하여 주 너의 하나님을 사랑하고, 둘째, 네 이웃을 네 몸과 같이 사랑하라(마 22:37~39)는 것입니다.

14. 천국(天國)이란 무엇입니까?

답 하나님의 뜻이 실현된 인류사회와, 부활하신 예수님이 준비하신 영원한 나라입니다. (요 14:1~3; 계 21장)

15. 세례는 무엇입니까?

답 세례란 예수님이 명령하신 의식으로(마 28:19), 자신의 죄를 회개하여 용서받고 정결하게 된 거듭난 그리스도인에게 주는 예식입니다.

16. 성만찬은 무엇입니까?

답 우리를 위해 죽으시고 부활하신 그리스도의 구원의 역사를 기념하고 하나님께 감사하는 교회의 공동체적인 축제이며, 장차 올 하나님 나라의 잔치를 미리 맛보는 예식입니다.

17. 교회는 무엇입니까?

답 예수 그리스도를 구주로 고백하여 주 안에서 하나된 하나님의 자녀들이 예배와 선교와 교육과 봉사를 목적으로 모이는 부름 받은 공동체입니다.

18. 종교개혁은 누가, 언제 했습니까?
🗒 독일사람 마르틴 루터(Martin Luther)가 1517년에 시작했습니다.

19. 감리교회는 어디서, 누구에 의하여 시작되었습니까?
🗒 감리교회는 18세기 영국에서 일어난 신앙부흥운동에서 기원하며, 존 웨슬리 (John Wesley)에 의하여 시작되었습니다.

20. 감리교회 교리의 특징은 무엇입니까?
🗒 만인 구원(선행 은총), 칭의, 성화, 완전입니다.

21. 사도신경을 외워 보십시오.
🗒 전능하사 천지를 만드신 하나님 아버지를 내가 믿사오며, 그 외아들 우리 주 예수 그리스도를 믿사오니, 이는 성령으로 잉태하사 동정녀 마리아에게 나시고, 본디오 빌라도에게 고난을 받으사, 십자가에 못 박혀 죽으시고, 장사한 지 사흘 만에 죽은 자 가운데서 다시 살아나시며, 하늘에 오르사, 전능하신 하나님 우편에 앉아 계시다가, 저리로서 산 자와 죽은 자를 심판하러 오시리라. 성령을 믿사오며, 거룩한 공회와 성도가 서로 교통하는 것과 죄를 사하여 주시는 것과 몸이 다시 사는 것과 영원히 사는 것을 믿사옵나이다. 아멘.

22. 기독교대한감리회의 교리적 선언과 감리회 신앙고백을 말해 보십시오.
🗒 (1) 교리적 선언(1930년)
  ① 우리는 만물의 창조자시요 섭리자시며 온 인류의 아버지시요 모든 선(善)과 미(美)와 애(愛)와 진(眞)의 근원이 되시는 오직 하나이신 하나님을 믿으며
  ② 우리는 하나님이 육신으로 나타나사 우리의 스승이 되시고 모범이 되시며 대속자가 되시고 구세주가 되시는 예수 그리스도를 믿으며

③ 우리는 하나님이 우리와 같이 계시사 우리의 지도와 위안과 힘이 되시는 성신을 믿으며
④ 우리는 사랑과 기도의 생활을 믿으며 죄를 용서하심과 모든 요구에 넉넉하신 은혜를 믿으며
⑤ 우리는 구약과 신약에 있는 하나님의 말씀이 신앙과 실행의 충분한 표준이 됨을 믿으며
⑥ 우리는 살아 계신 주 안에서 하나이 된 모든 사람들이 예배와 봉사를 목적하여 단결한 교회를 믿으며
⑦ 우리는 하나님의 뜻이 실현된 인류 사회가 천국임을 믿으며 하나님 아버지 앞에 모든 사람이 형제됨을 믿으며
⑧ 우리는 의의 최후 승리와 영생을 믿노라. 아멘.

(2) 감리회 신앙고백(1997년)
① 우리는 우주 만물을 창조하시고 섭리하시며 주관하시는 거룩하시고 자비하시며 오직 한 분이신 아버지 하나님을 믿습니다.
② 우리는 말씀이 육신이 되어 우리 가운데 오셔서 하나님의 나라를 선포하시고 십자가에 달려 죽으셨다가 부활승천 하심으로 대속자가 되시고 구세주가 되시는 예수 그리스도를 믿습니다.
③ 우리는 우리와 함께 계셔서 우리를 거듭나게 하시고 거룩하게 하시며 완전하게 하시며 위안과 힘이 되시는 성령을 믿습니다.
④ 우리는 성령의 감동으로 기록된 하나님의 말씀인 성경이 구원에 이르는 도리와 신앙생활에 충분한 표준이 됨을 믿습니다.
⑤ 우리는 하나님의 은혜로 믿음을 통해 죄사함을 받아 거룩해지며 하나님의 구원의 역사에 동참하도록 부름 받음을 믿습니다.
⑥ 우리는 예배와 친교, 교육과 봉사, 전도와 선교를 위해 하나가 된 그리스도의 몸인 교회를 믿습니다.

⑦ 우리는 만민에게 복음을 전파함으로 하나님의 정의와 사랑을 나누고 평화의 세계를 이루는 모든 사람들이 하나님 앞에 형제됨을 믿습니다.
⑧ 우리는 예수 그리스도의 재림과 심판, 우리 몸의 부활과 영생 그리고 의의 최후 승리와 영원한 하나님나라를 믿습니다. 아멘.

4. 사회생활에 관하여

1. 세상에서 그리스도인으로서 어떤 모습으로 살아가야 합니까?
답 우리를 지으시고 지키시며 사랑하시는 하나님의 목적을 깨닫고, 순종하며 예배하는 생활을 해야 합니다.

2. 하나님의 뜻이 우리의 생활에 실현될 수 있게 노력하고 있는 것을 구체적으로 얘기해 보십시오.
답 (구체적으로 답하십시오.)

3. 인생의 목적이 무엇입니까?
답 인간을 지으신 하나님께 영광을 돌리는 것입니다.

4. 하나님이 이 세상에 우리를 보내신 이유는 무엇입니까?
답 예수 그리스도의 거룩한 명령에 순종하여 사명을 감당함으로 하나님께 영광을 돌리는 자녀가 되게 하기 위함입니다.

5. 사람은 왜 누구나 일을 해야 합니까?
답 사람은 누구나 일을 하는 것이 마땅합니다. 하나님이 사람에게 일을 하라고 명하셨고, 성경도 "엿새 동안은 힘써 네 모든 일을 행할 것이나"(출 20:9), "일하기 싫어하거든 먹지도 말게 하라"(살후 3:10)고 가르치고 있기 때문입니다.

6. 가족이 모두 예수님을 믿습니까?
답 (사실대로 말해 주십시오.)

7. 가족 중에 믿지 않는 이가 있으면 믿도록 권면하시겠습니까?
답 예, 마땅히 그리하겠습니다.

8. 그리스도인은 가정에 문제가 생겼을 때 누구와 먼저 의논해야 합니까?
답 교회의 목사님 혹은 지도자들과 의논해야 합니다.

9. 가정예배는 어떻게 드리고 있습니까?
답 (어떻게 예배드리는지 말해 주십시오.)

10. 자녀의 신앙 지도상 유의할 점을 말해 주십시오.
답 그리스도인인 부모는 하나님께 자녀 양육의 책임을 부여받은 청지기일 뿐입니다. 따라서 자녀를 양육할 때 자녀들이 부모를 의존하는 신앙인이 아니라 자녀 스스로 하나님의 뜻을 구하며 살아가는 신앙인으로 설 수 있기까지 성경의 가르침에 따라 지도해야 합니다.

11. 왜 부모를 공경해야 합니까?
답 하나님을 믿고 섬기는 그리스도인은 하나님을 사랑하는 동시에 육신의 부모도 사랑하고 공경해야 할 것을 성경이 가르치고 있기 때문입니다.

12. 결혼의 의의를 말해 보십시오.
답 결혼은 하나님의 영광을 위한 남녀의 결합으로 하나님의 뜻을 이루는 가정의 기초가 되는 것입니다.

13. 원만한 부부생활을 지속할 수 있는 방법은 무엇입니까?
답 진실한 신앙 안에서 아내와 남편 된 이가 서로 진실하게 사랑하는 것입니다.

14. 집안에 상을 당하면 어떻게 하겠습니까?
답 목사님과 교회에 알리고 감리교회 예식 절차를 따라 장사 지낼 것입니다.

15. 장례식에 대한 바른 뜻을 말해 보십시오.
답 장례식은 세상을 떠난 이를 숭배하는 것이 아니라 인간의 생명에 대한 하나님의 은혜와 섭리를 기억하며, 유가족들을 위로하고, 신자들에게는 인생의 유한함에 대한 신앙적 각성을 얻고 부활에 대한 영원한 소망을 가지게 하는 데 그 목적이 있습니다.

16. 그리스도인은 정치에 대하여 어떤 책임이 있습니까?
답 온 우주와 인간 사회의 모든 현상은 모두 하나님의 섭리에 따라 움직입니다. 그리스도인은 교회의 교인인 동시에 국가의 국민이므로 권력에 아부하지 말고 국가의 중차대한 모든 의견이 건설적으로 개선되도록 해야 할 책임과 의무가 있습니다.

17. 그리스도인은 세계에 대하여 어떤 의무가 있습니까?
답 그리스도인은 모름지기 세계의 평화를 위하여 그리고 내일의 세계가 정의로운 세계가 되게 기도할 뿐 아니라 이를 연구하고 실천할 의무가 있습니다. 더욱 중요한 것은 세계에 흩어져 살고 있는 모든 사람이 예수 그리스도를 믿음으로 영원한 천국에 인도되게 해야 할 선교의 사명이 있습니다.

18. 그리스도인으로서 직업을 갖는다는 것은 어떤 의미가 있습니까?

📖 사회 구성원의 한 사람으로서 자기 생활에 책임을 지는 것, 사회와 이웃을 사랑하고 봉사하는 것으로 봉사를 통하여 복음을 증거할 수 있습니다.

19. 직업을 위해서 예수께서 가르치신 교훈은 무엇입니까?

📖 너희 빛이 사람 앞에 비치게 하여 그들로 너희 착한 행실을 보고 하늘에 계신 너희 아버지께 영광을 돌리게 하라(마 5:16)고 가르치셨습니다.

20. 신앙과 교회생활에 지장을 초래하는 직업이라면 어떻게 해야 합니까?

📖 기도하면서 직업을 바꾸도록 노력해야 합니다.

21. 그리스도인이 교제할 때 주의해야 할 점은 무엇입니까?

📖 그리스도인은 자신에게 주어진 것들을 낭비하는 교제를 삼가야 합니다. 자신의 건강을 해치는 교제라든지, 시간을 낭비한다거나 재물을 낭비하는 교제는 경건한 삶으로 인도하는 것이 아니므로 멀리해야 합니다.

22. 감리교회의 사회신경(1997년)을 아십니까? 아는 대로 말해 보십시오.

📖 예, 압니다. 감리교회의 사회신경(1997년)은 모두 열한 가지 항목으로 이루어진 것으로서 감리교인들이 사회생활을 영위할 때 지켜야 할 신앙적인 약속입니다. 그 내용은 다음과 같습니다.

우리는 만물을 선하게 창조하시고 섭리하시는 성부, 성자, 성령, 삼위일체 하나님을 믿으며, 이 땅에 하나님의 뜻을 실현하는 일에 부르심을 받았다.

① 하나님의 창조와 생태계의 보존

우리는 하나님의 명하심을 따라 우주 만물을 책임 있게 보존하고 생태계의 위기를 극복해야 하는 사명이 있다.

② 가정과 성, 인구 정책

우리는 가정과 성이 하나님께서 정하신 귀한 제도임을 믿는다. 가정을 올바로 보존하며 성의 순결성을 지키는 것은 우리의 사명이다. 그리고 우리는 인구 문제로 인한 세계적 위기를 극복하기 위해 책임 있는 인구 정책이 수립되도록 노력한다.

③ 개인의 인권과 민주주의

우리는 하나님의 형상대로 지음 받은 인간에게 자유와 인권이 있음을 믿는다. 따라서 정권은 민주적 절차와 국민의 위임으로 수립되어야 하며 국민 앞에 책임을 져야 한다. 우리는 정권 유지를 위해 국민을 억압하고 언론의 자유를 위협하는 어떠한 정치 제도도 배격한다.

④ 자유와 평등

우리는 모든 사람들이 하나님 앞에서 자유롭고 평등하기 때문에 성별, 연령, 계급, 지역, 인종 등의 이유로 차별하는 것을 배격하며 모든 사람들이 더불어 사는 사회 건설에 헌신한다.

⑤ 노동과 분배 정의

우리는 자기실현을 위한 노동의 존엄성과 하나님이 주신 소명으로서의 직업을 귀하게 여긴다. 동시에 우리는 그 과정에서 나타나는 빈부의 격차를 시정하여 분배 정의가 실현되도록 최선을 다한다.

⑥ 복지 사회 건설

우리는 부를 독점하여 사회의 균형을 깨뜨리는 무간섭 자본주의를 거부하며 동시에 인간의 자유를 억압하는 전체주의적 사회주의도 배격한다. 우리는 온 국민이 사랑과 봉사의 정신으로 서로 도우며 사는 복지 사회 건설에 매진한다.

⑦ 인간화와 도덕성 회복

오늘의 지나친 과학 기술주의가 비인간화를 가져오고 물질 만능주의가 도덕적 타락(성도덕, 퇴폐문화, 마약 등)을 초래한다. 따라서 우리는 올바른 인간 교육, 건전한 생활, 절제 운동(금주, 금연 등)을 통하여 새로운 가치관의 형성과 도덕성 회복을 위해 앞장선다.
⑧ 생명 공학과 의료 윤리

우리는 근래에 급속히 발전한 생명 공학이 하나님의 창조의 질서와 인간의 존엄성을 파괴할 수도 있다는 사실과, 근대 의학의 발전이 가져오는 장기 이식 등에 대해 교회의 책임 있는 대책과 올바른 의료 윤리의 확립이 시급함을 강조한다.

⑨ 그리스도의 유일성과 정의 사회 실현

우리는 예수 그리스도가 우리의 유일한 구주임을 믿는다. 또한 오늘의 현실 속에서 정의로운 사회 건설을 위해서는 타 종교와 공동 노력한다.

⑩ 평화적 통일

우리는 반만년의 역사를 가진 하나의 민족이 여러 가지 국내외적 문제로 분단되어 온 비극을 뼈아프게 느끼며 이를 극복하기 위해 민족의 동질성 회복과 화해를 통한 민족, 민주, 자주, 평화의 원칙 아래 조속히 통일되도록 총력을 기울인다.

⑪ 전쟁 억제와 세계 평화

우리는 재래적 분쟁은 물론, 인류를 파멸로 이끄는 핵무기 생산과 확산을 반대한다. 동시에 세계의 기아문제, 식량의 무기화, 민족 분규, 패권주의 등의 해결을 위해 모든 나라와 협력함으로 세계 평화에 이바지한다.

기독교대한감리회 교인생활수칙

취지

기독교대한감리회 150만 감리교인들은 신실한 사람으로 거듭나 감리교회를 새롭게 하고, 이 땅에 희망을 주며, 더 나아가 하나님의 뜻을 이루어 가기 위해 다음과 같이 감리교인 생활수칙을 제정하여 지킬 것을 하나님과 교회 앞에서 엄숙히 약속한다.

목표

1. 웨슬리의 성화론적인 신학과 신앙의 원리를 규칙으로 삼아 지켜온 신앙전통을 이어받아 실천함으로 하나님을 영화롭게 한다.
2. 기독교인의 삶의 표준으로 사회생활 수칙을 선포하고 지키게 함으로 감리교인의 도덕적 수준을 드높인다.
3. 하나님의 복을 불우한 이웃과 나누고, 예수 그리스도의 사랑을 실천함으로 전도의 열매를 맺어 교회를 부흥시킨다.

생활 수칙

우리는 날마다 하나님의 말씀을 읽고 기도함으로써 경건생활에 힘쓰고, 서로 사랑하고 섬김으로써 주님을 닮아가는 일에 최선을 다한다.

1. 교회생활 수칙

우리는 주님의 몸 된 교회에서 지체의 하나로서 서로 섬기고 협력하며, 직분에 따라 받은 사명을 감당하기 위해 충성한다.

① 교우들을 대할 때 누구에게나 형제와 자매처럼 친절하고, 나보다 남을 낫게 여기는 마음으로 존경과 예우를 한다.
② 교회 내에서 교우 간의 호칭은 직분(집사, 권사, 장로)에 따라 부르고, 직분에 벗어나지 않도록 예의를 갖추어 쓰도록 한다.
③ 교회의 모든 물품은 성도들의 헌금으로 구입한 것으로 종이 한 장이라도 아껴 쓰고, 교회의 각종 시설을 깨끗이 사용하고 훼손되지 않도록 한다.
④ 우선적으로 어려운 교우들을 돕고, 환난 당한 교우들을 최선을 다하여 돌보아 주되, 보증을 서는 일이나 금전거래는 피한다.
⑤ 예배나 각종 모임의 시간약속을 잘 지켜서 신실성을 보여 주고, 공동체에 해 가되지 않도록 한다.
⑥ 다른 교우들의 약점을 들추거나 험담하는 말은 입 밖에도 내지 말자. 부정적인 말 한 마디가 한 영혼을 죽이고, 본인의 마음을 부패하게 만든다.
⑦ 교회의 모든 일은 나누어서 협력하여 선을 이루는 데 힘쓰고, 주관하는 사역 보다 뒤에서 협력하고 보좌하는 습관을 갖는다.
⑧ 성도의 사생활이나 허물은 비밀이 보장되어야 한다. 속회에서나 선교회에서 상담하고 일어난 일을 다른 교우들에게 말하지 않는다. 불확실한 말을 전하는 것이 사단이 틈타는 통로이다.
⑨ 교회의 일은 교회 밖에서 거론하지 말고, 교회의 부정적인 일을 가정에서 자녀들에게 말하지 않는다.
⑩ 모든 일을 하나님의 영광을 위하여 하고, 나의 이익을 구하거나 자리를 탐하지 말자. 상급은 하나님의 나라에 있다는 것을 명심하자.

2. 가정생활 수칙

우리는 가정을 하나님이 주신 신성한 공동체로 여겨 가정예배에 힘쓰고 자녀들을 경건하게 양육하며 검소하고 청빈한 생활을 통해 성숙한 그리스도인 가정이 되도록 힘쓴다.

① 평등한 가정을 이루기 위하여 가정의 대소사는 부부가 함께 상의하고, 가족회의를 열어 결정한다.
② 「하늘양식」으로 주간마다(혹은 매일매일) 가정예배를 드려 경건한 가정이 되게 하고, 마침기도는 부모님이 함으로 부모님의 기도의 제목이 무엇인지 숙지시킨다.
③ 가족들이 함께 공유할 수 있는 가훈을 만들어 가족의 정체성을 확립한다.
④ 가정의 규칙을 만들어 지키게 함으로 공익을 우선하고, 규칙을 잘 지키는 시민정신을 갖게 한다.(귀가시간, TV시청시간, 식사시간 등…)
⑤ 매주 한 번씩 모든 가족이 모여서 함께 식사를 함으로 가족 간의 친목을 도모하고, 품위 있는 식탁 예절을 배우게 한다.
⑥ 모범가정 상을 제정하여 해마다 시상함으로 이웃을 위하여 봉사하고 섬기는 생활을 드높인다.
⑦ 가족이 함께 즐길 수 있는 놀이, 음악, 연극 등을 개발하여 기독교문화를 창달하는 데 힘쓴다.
⑧ 자녀들의 의식주 및 환경을 개선하고, 교육하는 데는 최선을 다하여 투자하되, 유산은 물려주지 않는다.
⑨ 관혼상제를 간소화하여 허례허식을 지양하고, 부지런히 일하고 청빈한 생활 습관을 갖도록 한다.
⑩ 술, 담배, 도박, 마약 등 사회악을 추방하는 데 앞장서고 생활 실천 계몽 활동에 적극 참여하게 한다.

3. 일반생활 수칙

우리는 정의롭고 진실한 사회를 만들어 나가기 위해 소외된 이웃을 돕고, 그늘진 곳에 사랑의 빛을 비추며, 부패를 막는 소금처럼 사회의 부정하고 변질된 모습을 방지하는 역할을 하기 위해 노력한다.

① 동회, 반상회, 부녀회, 노인회 등 지역사회를 위한 일에 관심을 갖고 적극적으로 협력한다.
② 아파트 및 공동주택에 거주할 경우 이웃에게 소음피해가 가지 않도록 조심하고, 이웃에게 피해가 가지 않도록 작은 소리로 대화한다.
③ 환경공해를 일으키는 물건은 되도록 적게 쓰도록 한다.
④ 공적인 일과 사적인 일을 엄격히 구분하여 행동하고, 공공건물이나 물품 및 공동화장실을 깨끗이 사용하는 시민정신을 함양한다.
⑤ 차량을 운전할 때 양보운전을 습관화하여 다른 사람을 배려하고, 교통법규를 준수하여 남에게 피해를 주는 일이 없도록 한다.
⑥ 이웃에게 바르고 정직한 삶을 보여 줌으로 기독교인의 품위를 고양한다.
⑦ 직장의 동료들에게 항상 솔선수범하고, 허드렛일을 내가 도맡아 하며, 책임은 내가 지고, 칭찬은 동료에게 돌리는 리더의 자질을 키운다.
⑧ 마을회관, 파출소, 동주민센터, 노인회관 등 지역사회의 공익기관에 관심을 갖고, 방문하여 격려하고 봉사함으로 애향심을 기른다.
⑨ 시간을 잘 지키고 약속을 엄수함으로 신용을 얻는 그리스도인이 된다.
⑩ 어른을 잘 공경하고, 어린이, 부녀자 등 약한 자를 우선적으로 배려하고, 장애인을 보호하고 도와준다.

4. 창조질서 보전을 위한 수칙

우리는 자연과 생명을 사랑하고 자원을 절약하며, 무분별한 자연 개발을 방지하여, 환경보호에 앞장선다.

① 창조질서 보전운동은 자원절약을 생활화하는 것이 최선의 방책이다. 아껴 쓰고, 덜 쓰고, 바로 쓰고, 다시 쓰고, 나눠 쓰자.
② 재활용은 자원절약의 가장 좋은 방법이다. 일회용품을 사용하지 않도록 하고, 필요한 중고품을 서로 교환하여 이용한다.
③ 샴푸, 린스, 세제, 스프레이 등 공해물질을 덜 쓰거나 쓰지 않는다.
④ 오염물질이 하천에 배출되지 않도록 폐수는 반드시 정화시설을 통하여 배출하도록 한다.
⑤ 비닐을 적게 쓰고 특별히 농산물 포장에 유해물질이 들어가지 않도록 한다.
⑥ 재활용이 가능한 쓰레기를 분리수거하여 분량을 줄이고, 내가 남긴 쓰레기는 내가 처리하고, 버려진 휴지를 줍는 습관을 기른다.
⑦ 청결한 환경을 조성하기 위하여 담배꽁초나 껌, 침 등을 함부로 뱉지 않는다.
⑧ 공원과 공공장소의 시설물을 아껴서 사용하자. 문화생활의 척도는 공공화장실 사용에 있다. 다음에 이용하는 사람에게 불쾌감을 주지 않도록 깨끗하게 사용한다.
⑨ 탐욕을 버리고 일용할 양식으로 자족한다.
⑩ 교회 및 NGO 시민단체에서 벌이는 환경보전을 위한 캠페인에 적극 참여하여 활동한다.

5. 정직운동 실천을 위한 수칙
우리는 그리스도인으로서 항상 정직하게 행하여 사회에서 존경받고 칭찬 들으며 하나님께 영광을 돌리는 일에 앞장선다.

① 날마다 정직한 마음을 갖도록 기도한다.
② 정직선언서를 만들어 서명하여 마음에 새기고, 가장 많이 사용하는 장소에 부착하여 날마다 보도록 한다.
③ "예"와 "아니요"를 분명히 한다.

④ 약속을 꼭 지킨다.
⑤ 정직이 최선의 삶의 모범임을 자녀들에게 가르친다.
⑥ 공공질서를 잘 지킨다.
⑦ 부정한 뇌물을 주지도 않고 받지도 않는다.
⑧ 검약생활에 본보기가 된다.
⑨ 국가에 세금을 정직하게 내고, 교회의 통계표를 정직하게 보고한다.
⑩ 지방이나 연회의 각 선교회 단체에서 주관하는 크고 작은 행사 때마다 정직 캠페인을 벌여 감리교인 전체가 정직한 사람이 되게 한다.

우리는 모든 사람이 하나님의 자녀로서 존엄성을 회복할 수 있도록 힘쓰고, 화해와 평화가 넘치는 인류사회를 위해 봉사한다.

새가족 교리교육교재
감리회 신앙생활 개정판

초 판 1쇄 | 1983. 10. 1
개정판 2쇄 | 2024. 3. 19

펴낸이 | 이 철
엮은곳 | 기독교대한감리회 교육국
펴낸곳 | 기독교대한감리회 도서출판kmc
　　　　서울특별시 종로구 세종대로 149 감리회관 16층
　　　　Tel. 02-399-2008 Fax. 02-399-2085
　　　　http://www.kmcpress.co.kr
등　록 | 제2-1607호(1993. 9. 4)
제　작 | 디자인통(02-2278-7764)

ISBN 978-89-8430-806-0 03230
값 6,000원

※ 이 도서의 국립중앙도서관 출판예정도서목록(CIP)은 서지정보유통지원시스템 홈페이지(http://seoji.nl.go.kr)와
　 국가자료종합목록시스템(http://www.nl.go.kr/kolisnet)에서 이용하실 수 있습니다. (CIP제어번호 : CIP2019011644)